COLLECTION FOLIO

Edith Wharton

La France en automobile

Préface de Julian Barnes

Traduit de l'américain
par Jean Pavans

Mercure de France

Titre original :
A MOTOR-FLIGHT THROUGH FRANCE

Edith Newbold Jones est née le 24 janvier 1862 à New York dans une famille de la haute société du New Jersey. Elle commence à écrire dès l'âge de onze ans mais ne publiera son premier roman qu'à quarante ans. À vingt-trois ans, elle épouse Edward Wharton, un riche oisif et névrosé dont elle divorcera en 1913. Sa première nouvelle paraît dans le *Scribner's Magazine* en 1891. Entre Newport, New York et l'Europe, elle mène une vie très mondaine et, en 1902, fait la connaissance d'Henry James, qui deviendra un ami très cher. Sur les conseils de l'écrivain, elle puise son inspiration dans son milieu social et décrit la décadence d'une aristocratie minée par l'apparition d'une nouvelle classe, issue du monde des affaires, ignorante des traditions et de la morale qui s'y attache. Son premier roman, *Chez les heureux du monde*, paraît en 1905. En 1907, Edith Wharton s'installe à Paris, rue de Varenne, se lie avec André Gide, Paul Bourget, Anna de Noailles, Jean Cocteau... et, à quarante-six ans, rencontre un journaliste, Morton Fullerton, dont elle tombe passionnément amoureuse. En 1911, elle publie *Ethan Frome*. Pendant la Première Guerre mondiale, la romancière organise une unité d'ambulance, geste pour lequel elle recevra la Légion d'honneur. Invitée par Lyautey, Edith Wharton découvre le Maroc en 1917, à une époque où les voyageurs occidentaux y étaient rares. Témoin des derniers instants d'une civilisation millénaire, avant que le pays ne s'ouvre au monde, elle allie un don d'observation à une grande connaissance de l'histoire marocaine. Ses souvenirs, *Voyage au Maroc*, paraissent en 1920.

L'année suivante, elle est la première femme à recevoir le prix Pulitzer pour *Le temps de l'innocence*, qui sera adapté au cinéma par Martin Scorsese. Auteur d'une centaine de romans, de nouvelles et même d'un livre de jardinage, Edith Wharton meurt le 11 août 1937, à Saint-Brice-sous-Forêt, près de Paris.

Elle a laissé une œuvre marquée par la tentative d'analyser l'âme humaine et de comprendre le poids de la société sur les choix moraux.

Préface de Julian Barnes

Le premier guide Michelin de la France, à reliure souple, au format de poche, et, bien sûr, rouge, est sorti en 1900. « L'apparition de cet ouvrage », annonçait pompeusement l'avant-propos, « coïncide avec celle du nouveau siècle, et l'un durera autant que l'autre. L'art de l'automobilisme vient de naître ; il se développera chaque année, et le pneumatique se développera avec lui, car le pneumatique est un élément essentiel sans lequel l'automobile ne peut pas circuler. » Les années entre 1900 et 1914 furent une époque bénie pour les automobilistes (et, sans aucun doute, pour les fabricants de pneus) : époque où la technologie, pour ceux qui pouvaient se l'offrir, semblait augmenter les possibilités de plaisir sans inconvénients apparents. « En ce temps-là, se souvenait Ford Madox Ford, l'automobile était une nouveauté exaltante, et, dès que nous avions un rabiot d'argent, tout passait à la location d'un véhicule. » Henry James déclarait que

« l'automobile est une merveille magique », et, pour mettre en pratique cette magie, il y avait peu de pays plus attirants que ce qu'il appelait « cette grande et douce vieille France ».

Edith Wharton, tel Ford, tel Conrad, tel Kipling, s'est prise de passion pour l'automobilisme. La nouveauté exaltante était moderne mais aussi subtilement historique, car elle restaurait ce que Wharton, dès la première page de son livre, définit comme « le romantisme du voyage », offrant « les plaisirs retrouvés » qui animaient « les trajets en malle-poste de nos grands-parents ». Ce qui avait détruit ces plaisirs, c'était les voies ferrées et les contraintes horaires ; désormais, l'automobiliste en était dégagé, et pouvait jouir d'un vif sentiment de liberté individuelle accrue. Ainsi que le déclarait sans fard le guide Baedeker 1907 (année où elle entreprit la deuxième de ses trois excursions en auto) du midi de la France : « L'automobilisme jouit d'une énorme vogue en France, principalement due à d'excellentes routes et à l'absence de règlements de police. » À partir de l'autre extrémité du siècle, où les autoroutes d'Europe sont obstruées de gros transports, et la liberté individuelle de circuler consiste souvent en rien de plus que le droit d'être tout seul dans un embouteillage, il nous est loisible d'imaginer, et d'envier fortement, l'automobilisme de nos propres grands-parents.

Edith Wharton ne s'intéressait pas vraiment aux divers aspects mécaniques de la merveille magique ; mais elle saisissait clairement ce que Percy Lubbock appelait « les possibilités de sa puissance ». Ainsi qu'il l'écrivait, elle « se donnait en exemple à tous ceux pour l'intelligence de qui elle exploitait les capacités de sa machine. Ces capacités jouaient un rôle honorable, jamais importun ni impérieux, dans d'innombrables excursions », en Angleterre, en France, en Italie et aux États-Unis. Elle en tirait aussi des bénéfices créatifs inattendus. Dans son autobiographie, *Les Chemins parcourus*, Edith Wharton décrit ses premières aventures américaines en automobile, et comment « on se lançait dans un trajet d'une quinzaine de kilomètres avec plus d'appréhension qu'on en aurait aujourd'hui à traverser l'Afrique ». Progressivement, elle se mit à faire des sorties de plus en plus longues dans les lointaines collines bleutées du Massachusetts et du New Hampshire, « en découvrant des villages perdus avec des églises georgiennes et des façades à balustrades, en explorant des vallées dormantes et en revenant épuisée mais chargée d'une nouvelle moisson de beauté ». Chargée, en vérité, de davantage que cela : car ce fut l'exploration soudain possible de ces « villages encore plongés dans la léthargie d'une existence rurale déchue », peuplés « de gens tristes au parler lent », qui lui inspira son roman magistral *Ethan Frome*, ainsi que son pendant plus ensoleillé *Été*.

Durant cette phase américaine, Edith Wharton et son mari Teddy passèrent par de nombreuses autos : « Les achats, les reventes et les échanges se succédèrent continuellement, sans de meilleurs effets appréciables. » Les trois voyages décrits dans *La France en automobile* furent tous entrepris dans la même Panhard et Levassor 15hp achetée d'occasion à Londres par Teddy. Le décorum de la littérature, et peut-être de l'automobilisme, retient la narratrice de nous donner des détails sur les pannes, les crevaisons, les pleins de carburant ; et le décorum mondain l'empêche de nous donner des précisions sur ses compagnons de voyage. La première excursion, un trajet de deux semaines depuis Boulogne jusqu'à Clermont-Ferrand avec retour vers Paris, eut lieu en mai 1906, en compagnie d'un frère d'Edith, Harry Jones ; la deuxième, un grand circuit dans le Sud-Ouest, les Pyrénées et la vallée du Rhône, se fit en plus de trois semaines aux mois de mars et d'avril 1907, avec Henry James comme passager ; pour la troisième, une rapide incursion en Picardie durant le week-end de la Pentecôte 1907, Edith et Teddy étaient sans compagnon. Leur chauffeur habituel était Charles Cook, homme « à la saine intelligence typiquement yankee », selon Henry James. Wharton rédigea ses récits de voyage pour l'*Atlantic Monthly*, puis elle les groupa dans un volume qui parut en octobre 1908.

Il y a une célèbre photographie, prise à Paris en 1907, de la Panhard avec ses occupants. Cook est au volant, portant lunettes, le visage scrupuleusement tourné vers la route ; Teddy Wharton est assis à côté de lui, de biais, tenant deux petits chiens ; à l'arrière, sont installés Edith et, sous une casquette à carreaux, Henry James, qui ne sourit pas. Ils semblent bien calés pour se lancer dans ce que Wharton appelait les « admirables terrains automobiles » de France, sans entraves, libres comme l'air. Cependant, les pédants remarqueront qu'il n'y a guère de place dans la Panhard pour les bagages ; d'ailleurs il est difficile d'imaginer Edith Wharton, ou Henry James âgé de soixante-quatre ans, trimballant eux-mêmes leurs malles. En fait, Wharton dans ces textes omet de citer un grand renfort de domestiques : une demi-douzaine d'employés partaient à l'avance en train ou en fourgon, afin de préparer l'arrivée des voyageurs. Écrivant du Grand Hôtel de Pau alors que Teddy était couché avec une bronchite, James évoquait cet aspect de leur organisation en une parenthèse fleurie typique : « Mes hôtes sont pleins d'aménité, de sympathie, de subtilité, etc. (ainsi que de merveilleux autres arts diligents et domestiques du voyage). »

Une autre erreur serait de supposer que James, écrivain mûr, éminent, mais guère riche, était invité par les plus jeunes et bien plus aisés Wharton. En réalité, il payait sa part, et les hôtels de luxe que ses hôtes réservaient systématiquement pesaient lourdement sur ses finances. Ainsi qu'il l'admettait dans une autre lettre de Pau, il vivait « un conte de fées dispendieux », et constatait une fois de plus que c'étaient toujours « les amis riches qui coûtaient de l'argent ». Il prévoyait avec crainte qu'au bout du voyage il aurait à donner des pourboires à six domestiques, plus le chauffeur Cook. Naturellement, il s'abstint de mentionner son embarras aux Wharton ; mais Edith devait sûrement se douter des limites de son aisance matérielle. Percy Lubbock raconte que Wharton, une fois, est arrivée dans une voiture neuve, en déclarant à James qu'elle l'avait achetée avec les droits de son dernier roman. « Avec les droits de *mon* dernier roman, lui a-t-il répondu d'un air songeur, j'ai pu acheter ce petit chariot qui sert à transporter les bagages de mes invités de la gare à la maison. Il a besoin d'être repeint ; avec les droits de mon prochain roman, je pourrai peut-être lui faire donner un coup de pinceau. »

Les premiers automobilistes devaient être des aventuriers stoïques. Le guide Michelin de 1900, en plus de divers remèdes pour les maladies de la machine, indique sa formule particulière de « lotion oculaire pour le chauffeur » (450 g d'infusion de feuilles de coca, 25 g d'eau de laurier-cerise, 15 g de borate de sodium). La toute première expérience automobile de Wharton, un palpitant aller-retour de plus d'une centaine de kilomètres entre Rome et la villa Caprarola, lui laissa deux affections : un fort accès de fièvre et une laryngite aiguë, cette dernière la clouant au lit durant plusieurs jours. Pour les expéditions suivantes, elle fut obligée, même par les temps les plus chauds, de prendre la précaution d'être « emmitouflée dans une étouffante capuche avec une visière de mica, jusqu'à ce qu'un bienfaiteur de l'humanité invente le pare-brise et fasse ainsi de l'automobilisme une joie sans mélange ». Le pare-brise des Wharton semble avoir fait son apparition entre la première et la deuxième de leurs excursions en France. Lors de leur voyage de 1906, ils furent poursuivis sans protection par la pluie. (« C'était en Europe un printemps froid, triste et sombre, dû, disait-on, à l'éruption du Vésuve. ») Et, dans la fameuse photographie de 1907, la Panhard n'a toujours pas de pare-brise ; James est enfoncé dans un gros manteau fourré, Edith est fort enveloppée de turban et d'écharpe, et elle s'est sans doute munie de sa visière de mica. Mais nous savons qu'à un moment donné, avant leur départ pour le Midi, Teddy a personnellement apporté des modifications au véhicule, fermant l'habitacle, installant une lumière électrique intérieure, et ajoutant « tous les accessoires et tous les conforts connus ».

C'est Henry James qui s'est lui-même proposé comme compagnon pour la deuxième et la plus longue de ces excursions. Lorsqu'il a appris l'expédition de l'année précédente, et en particulier la visite de la maison de George Sand à Nohant, il a réagi avec une jalousie parodique mais véritable. Il a eu, écrit-il à Edith, « une étrange intuition télépathique. Quelques jours après que vous avez filé pour la France, je me suis soudainement dit : "Ils sont en route pour Nohant, les b... ! Ils y arrivent... ils y sont !" » Une pareille envie était compréhensible : une trentaine d'années plus tôt, durant son séjour à Paris, James avait rencontré Flaubert, Gautier et Maupassant, et tous avaient évoqué le pèlerinage littéraire le plus célèbre du second Empire, accompli par train ou par diligence : une visite à *la mère Sand**[1]. À présent, écrivant du Reform Club en novembre 1906, James prie Wharton de lui raconter « votre aventure et vos impressions de Nohant, car je brûle d'envie d'en recevoir de bons détails. Peut-être, si vous avez alors le Véhicule de Passion convenable, ce dont je ne doute pas, irez-vous là-bas une fois de plus ; et, dans ce cas, emmenez-moi avec vous ! » Cette requête explique la seule description figurant à deux occasions dans le livre, la variante étant que la présence de James, lors de la seconde visite, leur a permis d'avoir accès à l'intérieur de la maison.

Le 20 mars 1907 les Wharton et James, avec Cook au volant, partirent de Paris dans le Véhicule de Passion. C'était le sobriquet générique que James donnait aux automobiles des Wharton, mais chaque engin avait son surnom personnel, comme « le Char de Feu » ou « Hortense » (d'après la romancière érotique Hortense Allart). Ce voyage a dû avoir quelques échos supplémentaires pour James : un quart de siècle plus tôt, en 1882, il avait lui-même

1. Les expressions en italique suivies d'un astérisque sont en français dans le texte original. *(Sauf indication contraire, toutes les notes sont du traducteur.)*

effectué *Un petit tour en France**, dont il avait également publié le récit dans un périodique puis sous forme de livre. Et il devait passer avec Wharton par de nombreux endroits qu'il avait visités alors, en particulier dans le Sud : Angoulême, Bordeaux, Toulouse, Carcassonne, Nîmes, Avignon, Bourg-en-Bresse et Dijon. Ce *Tour*, selon son biographe Leon Edel, avait été « sobre, bien organisé, et peu dispendieux » ; à présent, il était emporté dans le tourbillon de luxe des Wharton. Son voyage avait été typique du XIXe siècle : par train et par diligence, et dans des auberges malpropres ; maintenant, le Véhicule de Passion le projetait vers des hôtels qui devaient satisfaire aux exigences des Wharton, sous peine d'être exclus. C'était parfois toute une ville qu'Edith estimait indigne d'y passer la nuit. Et même toute une région : à propos du centre de la France, elle note qu'« on est trop souvent condamné à chercher en vain une nourriture digeste et un lit propre ». L'automobilisme permettait ainsi aux gens difficiles de se livrer à une sorte de snobisme topographique. Il n'était plus besoin d'approcher une ville par « les vilains abords » d'une gare, ni de traverser « des zones de laideur et de désolation créées par la voie ferrée même » ; désormais, la première impression d'un lieu pouvait de nouveau être « romantique et majestueuse », comme au temps des malles-poste des grands-parents. Cet effet protecteur s'étendait toutefois au-delà des simples voies d'accès : l'habitacle de l'auto, la vitesse, des *compagnons de voyage** choisis, et des domestiques aux avant-postes, tout cela réduisait ces possibilités de contacts humains qu'offraient les précédentes façons de voyager, plus lentes et solitaires. Wharton note des visages de paysannes aperçues au seuil des portes, et une servante rougeaude dans une auberge ; mais il est significatif que les deux plus grandes présences humaines dans son texte soient celles de personnes mortes depuis longtemps : George Sand et Mme de Sévigné.

Le *Petit Tour* de James tend à nous rendre nostalgiques de cette époque de voyage tranquille, méticuleux mais assez nonchalant, avec pour guide un homme hautement raffiné, qui en quelque sorte fait prendre l'air à sa sensibilité, en la tenant en laisse comme un chien curieux. *La France en automobile* est l'œuvre d'une touriste véritablement moderne, une personne douée d'autant de culture et de sensibilité que James, mais plus proche de nous ; qui affronte, et choisit d'affronter, un flot plus pressé de sensations, avec une plus rapide satiété mentale ; et dont le mode d'action, contrairement à celui du solitaire amoureux des ruines, s'apprête à changer le paysage après inspection. « Les exigences de l'automobilisme ont imposé des salles de bains modernes et des meubles de Maple[1]

1. Maple : créée vers 1850 à Londres, cette fabrique reproduit des meubles anglais de facture classique. *(Note de Julian Barnes.)*

dans les régions françaises les plus reculées », reconnaît-elle. Ces vieilles auberges romantiques, où il est « charmant de déjeuner, mais périlleux de dormir », sont déjà condamnées.

Bien que Wharton se classe comme « futile automobiliste, simple enregistreur de clichés de passage », nous ne devons pas nous y laisser tromper. Ses descriptions des cathédrales françaises montrent que c'étaient pour elle les incarnations vivantes de principes architecturaux qu'elle avait depuis longtemps étudiés et assimilés ; ce n'était pas, comme pour le « futile automobiliste », un assemblage chaotique d'éléments dont un guide touristique fournit les définitions de mots croisés. Lorsqu'elle commente la « vigoureuse longévité » du style roman ; qu'elle se lamente (ce qui est discutable) sur le fait que « la France n'a jamais complètement compris l'usage de la brique » ; qu'elle fait une digression sur « ce que le gothique anglais a perdu en adoptant à l'est une face carrée » ; qu'elle déchiffre l'église des Croisés de Neuvy-Saint-Sépulchre ; qu'elle devient lyrique devant la façade de Reims ; qu'elle compare avec malice la cathédrale d'Albi « à quelque monstre rose et imberbe » ; qu'elle dénigre les travaux de Viollet-le-Duc sans être doctrinaire au point de rejeter ses réussites ponctuelles ; qu'elle approuve la « bénéfique négligence » de certains monuments, qui leur permet de « garder toutes les teintes et les rides de l'âge », plutôt que d'avoir l'air « de vieilles dames consciemment pomponnées » ; qu'elle invoque le pouvoir esthétique et centralisateur des villes italiennes posées sur des collines, dont l'architecture embellit et complète les contours du paysage ; en de tels moments, nous écoutons une autorité, et non pas une simple automobiliste.

En même temps, et cela contribue à ce qui la rend proche de nous, elle ne se contente pas de traiter les édifices successifs qu'elle visite comme s'il s'agissait de déguster du vin, et de démontrer le goût subtil d'un esprit subtil subtilement muni d'une belle aisance financière. Que signifient, peuvent signifier, devraient signifier, pour une personne vivant dans une civilisation plus tardive et plus rapide, ces vestiges d'une civilisation antérieure, plus lente mais plus assurée ? Pouvons-nous les considérer avec imagination, ou par simple subjectivité ? Quel genre de plaisir, quelle tendance au respect, pouvons-nous légitimement en attendre ? Elle soulève ces questions au début du livre, à Amiens, et y revient vers la fin, à Reims. Elle était douée pour s'y concentrer, car, comme James, elle avait conscience de venir « d'un pays qui a décidé de progresser sans passé », et dont les citoyens, faisant du tourisme en Europe, ont tendance à considérer l'expression architecturale de vastes forces historiques comme un simple divertissement esthétique. Cette approche est encore plus commune aujourd'hui, et nous devrions tous être blâmés et éclairés par l'exemple de Wharton.

Elle incarne en fait cet être rare et paradoxal : le touriste avisé ; quelqu'un soucieux de rendre compte de « ce qu'il voit, et de ce *qu'il sent sous ce qu'il voit* » (les italiques, ainsi que le pronom masculin, sont d'elle). Elle avait de grandes capacités de comparaison mentale : laissant la cathédrale de Beauvais, elle découvre qu'elle ne l'a pas vraiment quittée, parce qu'elle est encore, et sa formule a un parfum jamesien, « emprisonnée dans son monumental souvenir ». Elle chérit les édifices qui ramènent directement l'imagination à une époque où « la piété allait encore de pair avec l'art ». Le tourisme pour elle est un exercice, non pas passif, mais constructif et créatif. C'est pour elle une question de plénitude autant que de sagesse ; elle évolue avec aisance entre les paysages, l'architecture, les êtres humains, les traite comme des sujets d'étude, non pas indépendants, mais qui se chevauchent ; elle peut accomplir la part la plus ardue de l'art critique, qui est de rendre intéressante la description d'une tapisserie d'éléments ; car, au moment même où l'on pourrait craindre qu'elle ne s'égare, elle se montre d'une précision étincelante. Les sirènes sculptées des stalles de Saint-Savin bondissent sous nos yeux comme des « créatures de malheur et de beauté, qui semblent avoir franchi les Alpes pour apporter leurs yeux païens et leur sourire lombard oblique » ; les Pyrénées, contemplées, et domptées, de loin à partir de la terrasse de Pau, sont « comme exposées à une curiosité indigne, telles des bêtes carnassières en cage dans un zoo ».

Mais ce serait une erreur que de se la figurer comme constamment élogieuse ; elle rejette vigoureusement Toulouse et la vulgarité de Lourdes, les décorations clinquantes et les accoutrements factices ; ou de la voir comme une sorte de courtier en monuments. Ses paysages sont vivants, et peuplés de paysans qu'elle traite avec soin, sinon avec lyrisme. Quand elle écrit que les montagnards des Pyrénées semblent être le produit naturel de leur pays « si discipliné par le travail, et pourtant si romantiquement libre », ou que les visages provinciaux suscitent « un intérêt semblable à celui d'une œuvre d'art », ce serait un peu hâtif, je pense, de la considérer comme une de ces riches étrangères citadines charmées par la couleur locale. Ce qu'elle décèle en observant ces physionomies est ce qu'elle cherche également et qu'elle célèbre dans les vieux monuments : quelque chose qui projette directement l'imagination dans la permanence du passé. Peut-être sent-elle (sans le déclarer) que l'automobiliste qui arrive dans les parties les plus reculées de France en exigeant des salles de bains modernes et des meubles de Maple est finalement une menace pour cette civilisation faite « d'indépendance et de vie simple », pour cette existence « traditionnelle, économe et repliée », qui a formé et défini à travers les siècles les habitants de tels paysages. Ce qu'elle célèbre dans l'aspect humain de la France, c'est l'ordre et l'élégance de l'organisation civile, l'aménité des manières, la vivacité, la bonne humeur, et une façon intelligente de jouir de la vie. Ces termes sont toujours relatifs, bien sûr. De nos jours, l'automobiliste trouvera que les approches d'une ville française ne sont pas plus « romantiques ou majestueuses » par route que par voie ferrée. Et de même que les faubourgs sont défigurés par un désordre de Monsieur Bricolage et confrères, de même le caractère perceptible des gens est-il enduit, comme ailleurs, d'une couche plus épaisse. On n'y décèle plus aussi clairement une permanence.

James et Wharton s'accordent sur beaucoup de choses qu'ils ont vues chacun de son côté, mais non pas sur tout. Ils ont un critère esthétique commun, qui est l'Italie ; ils aiment que les monuments anciens demeurent anciens, et ils se méfient des restaurations. Elle admire plus chaleureusement les vestiges gréco-romains de Provence ; il juge que le pont du Gard est finalement « un peu stupide », et il critique l'architecture romaine en une phrase magnifique : « La rigidité romaine avait tendance à dépasser la cible, et je suppose qu'une race qui ne savait rien faire de petit est aussi déficiente qu'une race qui ne sait rien faire de grand. » Il déteste Avignon ; elle y voit un charme italien. Mais leur désaccord le plus instructif concerne Bourg-en-Bresse, dont la principale attraction est l'église de Brou.

James commence son compte rendu par une citation sentimentale d'un poème alors fameux de Matthew Arnold sur Brou. Il raille et absout Arnold pour ses inexactitudes géographiques ; il évoque la piété flamboyante qui a présidé à l'édification de l'église, pioche dans son guide de voyage, décrit les célèbres tombeaux, les barbouille de petites approbations onctueuses (admirables, admirables, charmants, exquis, splendides, ingénieux, élaborés, précieux) avant de conclure que, malgré leur qualité, ils ne sont pas aussi beaux que les tombeaux de Vérone. Il fait des remarques légèrement malicieuses sur Marguerite d'Autriche, s'étonne que le bâtiment n'ait pas été entièrement détruit durant la Révolution, et passe sans effort à une évocation lyrique (d'autant plus amusante pour nous, et, on le sent, pour lui-même) d'un déjeuner simple, mais épicurien, d'œufs à la coque et de tartines beurrées, qu'il a ensuite savouré à Bourg-en-Bresse.

Le récit de Wharton ne fait aucune référence au texte de James, ni à sa présence en personne dans la Panhard, vingt-cinq ans plus tard. Cela devait être intimidant pour elle d'aborder un sujet inchangé déjà traité par le Maître assis à ses côtés. Il ne fait guère de doute qu'elle avait lu *Un petit tour en France* au moment de sa parution ; quand l'avait-elle relu pour la dernière fois, nous l'ignorons, mais comment aurait-elle pu ne pas éprouver, à certains égards, un désir de rivalité dans ses propres descriptions ? Elle aussi commence par citer le poème d'Arnold, qu'elle commente avec une vive gaieté, en se demandant s'il a jamais vu l'église de Brou, tant il la situe invraisemblablement. Quant à l'édifice lui-même : d'abord, il ne respecte pas le critère de Wharton selon lequel un monument ancien doit avoir l'air ancien, celui-ci paraissant « aussi gratté, poncé, savonné, que si sa rénovation était un exploit accompli chaque jour par “sept donzelles avec sept balais” sur les pouvoirs purificateurs desquelles le morse de Lewis Carroll a spéculé avec tant d'ingéniosité ». Intérieurement, il ressemble à « un jouet de celluloïd » ; extérieurement, c'est « un “Albert Memorial” superlatif », tout en pieuses dépenses et en absence de goût, réalisant l'idéal de « l'art du pâtissier ». À côté de la rudesse de ces abus critiques réside la précision de son sens architectural. Là où James murmure suavement que le monument de Marguerite d'Autriche est « la dernière extravagance d'un gothique qui est allé tellement loin qu'il ne lui restait plus rien d'autre à faire que se retourner sur lui-même », Wharton fait une remarque similaire dans un style plus familier (le « dernier bouillonnement hétérogène de la marmite gothique »), démontre ses connaissances annexes (« on constate la même conséquence dans presque tous les monuments de cette période, spécialement là où l'influence hispano-hollandaise a ajouté une touche ultime de profusion, et de confusion »), et conclut par une métaphore mémorable : « Le gothique expirant a changé ses contours aussi souvent que le dauphin mourant est supposé changer ses couleurs ; chaque ornement fait songer à une convulsion de la pierre. » Et tandis que James enchaîne légèrement avec l'évocation d'un déjeuner, Wharton passe sérieusement à une comparaison avec les pleurants de la tombe de Jean sans Peur à Dijon, qu'elle apprécie hautement (et qu'il avait trouvés « d'un intérêt limité »). Un esprit malicieux pourrait prétendre qu'en dépit de son sincère respect pour James elle tente d'affirmer sa supériorité en architecture, tout en voulant s'assurer qu'il sera impressionné par sa fraîcheur de ton et par sa modernité.

James à l'occasion se moque gentiment des déplacements fébriles de Wharton, la décrivant comme un oiseau de proie autoritaire qui fond sur ses amis plus sédentaires pour les emporter avec « ses ailes de caoutchouc ». Mais ils étaient clairement d'excellents et fidèles compagnons de voyage. James a noté que cette excursion en automobile avait presque été « le grand moment de ma vie », et il a rétrospectivement exprimé une satisfaction exaltée. « Ah, ces ravissantes rivières et cette bectance constamment glorieuse ! » « Ah, partout cette bonne nourriture et ces bonnes manières et ces bonnes mines ! » Pour sa part, Wharton a déclaré n'avoir jamais eu « de plus admirable compagnon de voyage, davantage disposé à apprécier et à ne jamais trouver de défaut, jamais ennuyé, jamais déçu, et ne manquant jamais (ai-je besoin de le dire ?) d'éprouver ces fines nuances de sensation qui enrichissent les moments du véritable bon voyageur ». À peine étaient-ils rentrés à Paris qu'elle l'a laissé de côté pour effectuer une autre brève excursion. Et c'est James, de nouveau, en avril 1908, qui a répondu avec enthousiasme à l'idée de la retrouver à Amiens, pour « une petite *tournée**, avec lunettes protectrices, en Normandie ». Il avait à l'esprit une destination précise et puissamment attirante : « Et, oh, m'emmènerez-vous à Croisset, par Rouen, comme pendant de Nohant ? » Cela en effet aurait été un pendant approprié, la maison de George Sand et puis les vestiges de celle de Flaubert, mais ce projet a été victime des complications d'une liaison sentimentale de Wharton.

Un dernier trajet en auto devrait cependant être cité. Peu après la parution de *La France en automobile*, les deux romanciers roulaient de Rye vers Windsor, quand James a suggéré de faire un détour par Box Hill, afin de rendre visite au vieux George Meredith. Wharton d'abord s'est montrée réticente, jugeant peu convenable d'arriver ainsi à l'improviste ; puis elle a accepté de prendre cette direction, mais en insistant pour rester dans le véhicule quand ils seraient arrivés. Cependant, James a fermement réfuté ses objections, et l'a fait entrer avec lui dans la maison. Meredith, atteint d'une maladie fatale, gravement sourd, et « trônant comme une statue dans une chaise longue », a eu de grandes difficultés à saisir l'identité de cette femme inconnue qui se présentait sans prévenir avec Henry James. Ce fut, se rappela-t-elle par la suite, « une affaire laborieuse, et atroce pour moi, tandis que la pièce retentissait encore et encore de mon nom inintelligible ». Mais Meredith finit par piger ; sur ce, il prit un livre ouvert, posé à côté de lui, et il le tendit en souriant. « J'ai vu le titre, continue Wharton, et le feu m'est monté au visage. C'était ma *France en automobile*, récemment publié ; il ignorait qu'on allait m'emmener le voir, et il était en train de lire mon livre quand je suis entrée ! »

Julian BARNES

PREMIÈRE PARTIE

I

De Boulogne à Amiens

L'automobile a restauré le romantisme du voyage.

Nous libérant de toutes les obligations et promiscuités du chemin de fer, des contraintes horaires et des sentiers battus, de l'approche des villes par des zones de laideur et de désolation créées par la voie ferrée même, elle nous a rendu l'étonnement, l'aventure et la nouveauté qui animaient les trajets en malle-poste de nos grands-parents. Au-dessus de tous ces plaisirs retrouvés, il faut ranger l'enchantement de prendre une ville à l'improviste, de s'y glisser par des portes arrière et des chemins non répertoriés, d'y surprendre quelque aspect intime du passé, quelque silhouette cachée depuis un demi-siècle ou plus par le vilain masque du remblai des voies et la masse métallique d'une énorme gare. Et puis ces villages qui nous manquaient et nous faisaient envie aperçus des fenêtres du train, ces villages dérobés nous sont restitués ! Rien n'aurait su plus délicieusement illustrer la valeur de cette restitution que cet après-midi du mois de mai, dans le Pas-de-Calais, où nous avons gravi, à la sortie de Boulogne, la longue montée de la route d'Arras.

C'est un pays charmant, avec ses grandes ondulations de collines et de vallées, des haies suffisamment hautes et feuillues pour être comparées à celles du Kent, parmi lesquelles notre auto nous avait promenés deux jours plus tôt ; et les villages, ces villages fréquents, souriants, avantageusement situés, peuvent aussi relever avec succès le défi plus sérieux de leurs rivaux anglais : le relever sur un autre terrain et avec d'autres armes, avec des places de marché pavées et des *charmilles** taillées au lieu de gazons bordés d'ajoncs, avec des beffrois élancés au lieu de tours d'église carrées, avec moins de verdure, mais davantage, sans doute, de lignes et de tracé.

La campagne elle-même, verdoyante, d'une texture pleine et dense, agréablement entrecoupée de bosquets dans les vallons, et de cours d'eau striant de lumière les grands prés, a également un caractère anglais, ou peut-être flamand (car la frontière est proche), avec la beauté supplémentaire de l'ouverture et de l'ampleur, de la fuite tranquille et progressive de plans horizontaux vers des pentes distantes, jusqu'au moment où la terre se brise en une longue crête bleue contre l'horizon marin.

Il y avait beaucoup de beauté de détails, aussi, dans les bourgs que nous avons traversés :

certains haut perchés sur des tertres dominant la rase campagne, avec de vieilles maisons dévalant de la place centrale du marché selon des angles pittoresques, d'autres glissés dans des creux, au milieu de granges et de vergers, les jolies activités paysannes se déployant presque jusqu'aux portes des églises. Dans les petits villages, un épais et charmant toit de chaume couvre les murs badigeonnés de maisonnettes avec leurs espaliers de poiriers ; des canards barbotent dans des mares frangées d'aubépine et de cytise ; et dans les villes il y a presque toujours une note de caractère ou de distinction : le porche d'un *hôtel** du XVIIe siècle, le triple arceau d'un fronton d'église, la tombée de voûte d'une vieille abside moussue, et le stuc et les poutres noircies d'une ancienne salle de réunion ; et toujours l'allée rectiligne, avec ses arbres taillés au carré ou formés *en berceau**, ses angles nets de verdure et d'ombre profonde, acquérant une valeur véritablement architecturale en aboutissant à la vive lumière d'une *place** pavée ou gravelée. Tout dans cette humide et riche campagne baignée de lueurs blondes est typiquement flamand, jusqu'aux regards lents des paysans, aux joues rondes et rouges des enfants, aux groupes somnolents de bétail dans les plats pâturages. À Hesdin, nous avons senti la proximité du style des Pays-Bas dans la présence d'un bel hôtel de ville de la fin de la Renaissance, avec ce « mouvement » particulier des volutes et des ornements sculptés, chauds contrastes du grès et de la brique, qu'on associe à l'architecture de la Belgique ; avec un dessin plus épais et moins sensible que ne s'autorise d'ordinaire l'architecte français, et avec plus de massivité et d'exubérance dans les détails.

Cette région de France, avec ses vastes étendues de paysage agricole, suprêmement disciplinées et cultivées, démontre que la terre peut être exploitée jusqu'à la moindre parcelle sans perdre de sa fraîcheur et de son naturel. Dans certaine partie de cette campagne parfaitement « administrée », dont l'espace est plus restreint, ou dont est absente l'heureuse variété qu'apportent les dénivellations et les cours d'eau, les cultures excessivement petites, les interminables alignements de murs de *potager**, les longues rangées d'arbres fruitiers bordant à perte vue des routes rectilignes, peuvent inspirer au voyageur américain une nostalgie de la nature sauvage, et lui faire un moment penser que les bas-côtés herbus et les champs broussailleux ont leur valeur artistique. Mais ici, dans le nord de la France, où l'agriculture s'est alliée à la poésie au lieu de la bannir, on comprend la haute beauté d'une terre travaillée, humanisée, mise en relation avec la vie et avec l'histoire, en comparaison du matériau brut dont est encore revêtue la plus grande partie de notre propre continent. En France, tout parle d'une longue familiarité de la terre avec ses habitants ; chaque champ a un nom, une histoire, une place personnelle et distincte dans l'administration du village ;

chaque bout de gazon se trouve là en raison d'un ancien droit féodal s'étant jadis imposé à une friche inutile.

À l'approche d'Arras, la route perd ses agréables virages et court tout droit sur un grand plateau, avec parfois une descente et une montée qui ne dévient pas de la direction, les villages devenant plus rares, comme c'est toujours le cas en France dans les plaines balayées par le vent. Arras, cependant, nous a dédommagés de cette morne traversée : une charmante ville ancienne, d'un gris vieilli, avec une grande allure d'opulence fanée du XVIIe siècle, où nous aurions aimé nous attarder, pour examiner les détails de ce porche et de cette cour, de ces mascarons et de ces balcons de fer forgé, si un bref coup d'œil jeté à l'hôtel ne nous avait ôté toute envie d'y passer la nuit.

Nous sommes donc partis pour Amiens vers le crépuscule, à travers un paysage plus accidenté ; les lumières commençaient à scintiller aux fenêtres de jolis villages avec leurs mares aux canards, et de grands crucifix noirs se dressaient comme des spectres aux carrefours ; la nuit enveloppait déjà la puissante silhouette de la cathédrale, quand nous sommes enfin arrivés par une longue descente.

C'est toujours une perte que d'arriver dans une cité étrangère après la tombée de la nuit, et de manquer ces étapes préliminaires susceptibles d'être si intéressantes dans les relations avec les villes comme avec les hommes ; mais cette privation est en partie réparée par le sentiment d'aventure avec lequel, le lendemain matin, on se lance dans l'inconnu. Il n'y a ainsi aucune impression de la veille à rectifier, ni peut-être dont se débarrasser : l'esprit présente une grande page blanche où la ville inscrit son texte.

Le texte d'Amiens consiste en un seul grand mot : sa cathédrale. D'autres phrases moins vigoureuses peuvent être lues lorsqu'on a le loisir de les chercher; mais la prédominance de ces énormes lettres ne laisse tout d'abord aucune possibilité de lire entre les lignes. Ici, l'on peut remarquer qu'une ville, en dehors de l'Italie, doit avoir une exceptionnelle force de caractère pour tenir en face d'une cathédrale. En Angleterre, la salle du chapitre et le groupement divers de bâtiments semi-ecclésiastiques constituant l'enclos semblent établir un lien entre la cathédrale et la ville, mais en réalité ils ne font rien d'autre qu'agrandir l'espace autour du monument et accentuer son isolement; même à Winchester, où le collège et l'hôpital s'opposent à la domination de l'édifice central, l'attention somme toute ne se disperse guère, étant donné l'incomparable prodige que représentent, comme simples exploits de la volonté humaine, ces immenses constructions du Moyen Âge. Dans le nord de la France, où les grandes cathédrales furent des entreprises collectives et civiles, et par conséquent édifiées seules, sans bâtiments monastiques annexes, dont l'enclos est une survivance ; où, pour les monuments religieux, il y eut une sorte d'immobilisme architectural entre Saint Louis et Louis XIV, l'ascendant de l'église diocésaine était nécessairement plus marqué. Rouen seul, sans doute, se défend avec efficacité contre cette concentration d'intérêt, et ne se laisse pas écarter d'un coup d'épaule par les grands arcs-boutants de sa cathédrale ; ou peut-être aussi Bourges ; mais Bourges et Rouen apparaîtront plus tard dans notre itinéraire, et, en attendant, nous sommes ici, nous protégeant d'une forte averse sous le porche d'un *notaire**, à contempler, de l'autre côté de la petite place, la façade occidentale de la cathédrale d'Amiens.

Eh bien ! Pas étonnant qu'un pareil édifice ait réduit au silence tous ses rivaux ! Il faudrait une fameuse riposte pour se faire entendre en face des éclairs et du tonnerre de cette nuée de témoignages chantant les gloires de l'Église Triomphante. La scène est-elle trop peuplée ? N'y a-t-il pas une certaine monotonie dans cet étagement global des hiérarchies de pierre, chaque figure étant mise dans l'alignement de sa voisine, chaque draperie étant déployée à l'intérieur des mêmes limites verticales ? Oui, peut-être, si l'on se souvient de Reims et de Bourges ; mais si, oubliant ces modèles apparentés, on se soumet sans esprit critique à l'impression produite, si on laisse les heureux accidents du temps et des intempéries prendre leur pleine fonction dans cet ensemble (car Amiens par chance n'a pas été poncée, et ses armées de saints ont acquis la plus riche patine dont puisse se revêtir la pierre nordique), bref, si l'on considère la chose à la fois comme un symbole et comme « un ouvrage de la nature » (ce que deviennent tous les monuments anciens par la grâce des siècles), alors la façade d'Amiens présente sûrement un des spectacles les plus splendides que puisse offrir l'art gothique.

C'est sur l'aspect symbolique surtout qu'on serait tenté de s'attarder ; car la contemplation des grandes cathédrales renforce nettement la conviction que leur principale valeur, en notre époque tardive, n'est pas tant esthétique que morale. Le monde sans doute se définira toujours en deux catégories d'esprits : ceux qui voient dans les expressions passées de la foi, religieuse, intellectuelle ou politique, uniquement les chaînes dont s'est débarrassé l'être humain dans sa longue et implacable lutte pour « plus de lumière » ; et ceux qui, tout en étant émus par l'idée de cette lutte, chérissent également toutes les manifestations de ces contraintes anciennes qui, somme toute, exprimaient tour à tour un même effort vers une vision plus claire. Pour la première catégorie d'esprit, les grandes cathédrales gothiques sont intéressantes essentiellement comme œuvres d'art et pages d'histoire ; et l'avantage, peut-être, de cultiver le second, et plus complexe, point de vue, pour lequel l'affranchissement de la pensée doit être mis en rapport avec l'atavisme du sentiment, tient à ce qu'il permet d'apprécier pleinement ces beautés archéologiques, tout en les subordonnant aux grandes réalités dont elles sont l'immense et émouvante expression. Pour ces esprits-là, le surgissement du sentiment de respect est la signification suprême de ces puissants témoins de la vie médiévale : respect pour les forces lentes, persistantes, à longue portée, qui les a inspirés. Une grande cathédrale gothique résume tellement d'histoire, elle a exigé tellement de foi et de labeur, de sang, de folie et de sainte abnégation, elle a accueilli une si longue succession d'existences, elle a donné une voix collective à tant d'aspirations contradictoires et inexprimées, elle a vu tant de choses sublimes et terribles, ou stupides, pitoyables et grotesques, qu'elle est semblable à quelque ancêtre mystérieusement conservé de la race humaine, à quelque Juif errant devenu sédentaire et placé sur un trône de contemplation, devant qui ont défilé les générations fugitives.

Oui, le respect est l'émotion la plus précieuse que suscite un tel édifice ; respect pour les expériences accumulées du passé, disposition à démêler leur sens, répugnance à déranger inconsidérément des résultats voulus avec tant de détermination, obtenus au prix de tant de besogne : bref, un désir de garder intacts autant de liens que possible entre hier et demain, de perdre, dans l'ardeur des nouvelles tentatives, le moins possible du long et riche héritage de l'expérience humaine. Ce pourrait être en tout cas le message de la cathédrale au voyageur venu d'un pays qui a décidé de progresser sans passé, ou de la considérer seulement comme un élément d'intérêt artistique, une « curiosité » qu'on visite, plutôt qu'une lumière qui éclaire la vie.

La face occidentale d'Amiens délivre ce message avec une énergie très particulière, sa grande unité de structure et de composition témoignant autant de la constance du but que de la ténacité de l'effort. Cette grande chose fut voulue et prévue avec tant de clarté et de régularité que l'esprit se trouve d'abord trop profondément assujetti à sa conception générale pour se sentir aussitôt libre de se livrer à la délicieuse investigation des détails. Mais à l'intérieur du bâtiment le détail réaffirme ses droits : le détail dans le détail, travaillé et multiplié avec une profusion d'enrichissements dont l'équivalent doit être cherché au-delà des Alpes. Les intérieurs des grandes cathédrales françaises sont en général quelque peu désolés et démeublés, dégageant leur nudité structurelle d'une façon sublime mais assez monotone pour des yeux accoutumés aux splendeurs internes des églises italiennes. Ici, cependant, dans Amiens, la décoration interne du sanctuaire a été pieusement poursuivie de génération en génération, et une très extraordinaire abondance d'ornements a été déversée sur le chœur et le déambulatoire. La grande frise peinte et sculptée entourant le chœur est particulièrement surprenante dans une église française, où il est très rare que les histoires de pierre prodiguées à l'extérieur se continuent à l'intérieur ; et l'on est de nouveau surpris en découvrant que les mêmes récits en bas-relief animent et enrichissent les murs occidentaux du transept. Elles fourmillent d'incidents expressifs, ces vies de saints locaux et de personnages bibliques, avec une abondance et une minutie bourguignonnes dans les costumes, et une insistance enfantine et très charmante sur des détails et des épisodes incongrus, comparables aux « et ensuite » ou « et alors » des contes de fées, qui attirent l'attention sur d'innombrables petits détours que devait emprunter l'imagination des fidèles du XVe siècle, avec un bienheureux sentiment de soulagement, loin des rites énigmatiques de l'autel.

De composition, il n'y a guère : elle est nécessairement sacrifiée au désir de s'interrompre pour tout raconter ; de montrer, par exemple, en une amusante parenthèse, ce que le petit chien laineux d'Hérode était en train de faire pendant que Salomé dansait pour obtenir la tête de Jean-Baptiste. Et ainsi l'on est sans cesse ramené à l'idée que l'art nordique est essentiellement anecdotique, et l'a toujours été ; et les théories subtiles sur la structure dramatique expliquant pourquoi Shakespeare avait peuplé sa scène de personnages secondaires et d'épisodes superflus, et pourquoi, s'il avait raconté l'histoire de saint Jean, il aurait sûrement inclus les petits chiens « Tray, Blanch et Sweetheart » du roi Lear dans l'entourage d'Hérode, ces théories ne font qu'éluder vainement le fait antique et ethnologique que *les Goths ont toujours raconté leurs histoires de cette façon.*

II

Beauvais et Rouen

La même merveilleuse route blanche, déroulant ses grandes boucles et ses lignes droites sur le même vaste paysage, nous a menés le lendemain à Beauvais. S'il nous a semblé y avoir moins d'éléments mémorables en chemin, si les villages nous ont paru moins caractéristiques, audelà du charme tout nordique de leur confort et leur économie domestique, c'est peut-être parce que nous avions perdu l'acuité des premières impressions; mais nous avons remarqué de beaux horizons de champs, de vergers et de collines boisées, donnant le sentiment d'une campagne où il devait faire bon vivre, jusqu'au moment où ces sensations mineures se sont trouvées avalées et englouties par l'impression écrasante de la cathédrale de Beauvais.

La ville en soi, et comme à dessein, avonsnous pensé par la suite, ne déploie aucun de ces attraits artistiques annexes qu'Arras, par exemple, nous avait présentés avec tant de séduction. Elle affecte une attitude de calme dédain, ou de feinte ignorance, à l'égard du but de visite du voyageur ; elle nous laisse tranquillement suivre ses ruelles tortueuses aux volets clos, jusqu'à la plus somnolente des petites places provinciales, avec ses habituelles arcades de pierre, et ses habituelles maisons basses à contourner ; et puis soudain surgit devant nous l'énorme rêve insensé et brisé, une cathédrale sans nef, du chœur de Beauvais, ce Xanadu de l'architecture gothique...

C'est en vérité comme une sorte de paroxysme de vision mystique, miraculeusement saisie en une forme visible, et arrêtée, immobilisée, par l'intrusion de la Personne de Porlock[1] : en l'occurrence, sans doute, un maçon pris de panique, criant à l'architecte exalté : « Nous ne pouvons vraiment pas y arriver ! » Et parce qu'on ne pouvait absolument pas y arriver, ainsi que le démontrèrent bientôt un ou deux effondrements alarmants, il fallut interrompre là ces grandes vagues de pierre, et renoncer pour toujours à la longue arête de la nef avec ses envolées d'arcs-boutants, de flèches et de fleurons. Le critique a beau jeu de signaler les défauts de structure, et de les citer comme une démonstration du fait qu'un véritable artiste ne doit jamais chercher à détourner de leur usage naturel les matériaux qu'il emploie :

1. Dans le poème *Kubla Khan* (1816) de Samuel Taylor Coleridge (1772-1834), la vision, sous effet d'opium, de la cité mongole de Xanadu est interrompue par un fâcheux venu de Porlock, village du Somerset.

qu'il ne doit pas, entre autres, essayer de traduire en pierre, en verre et en plomb, des abstractions métaphysiques ; et pourtant, Beauvais n'a rien de la maladresse des échecs ; c'est comme une grande hymne interrompue, mais à laquelle aucune voix ne fait défaut ; et un esprit vagabond peut la ranger parmi les grandes tentatives qui font la gloire de ce qu'il y a de plus élevé en art. C'est en tout cas un modèle de ce que l'âme gothique, poussée à sa logique extrême, s'efforçait de faire : exprimer l'inexprimable ; et celui qui réprouve Beauvais réprouve par là tous les principes de l'art dont Beauvais est issue. Mais nous jouirons bien mieux de la beauté, et avec une plus grande sérénité d'esprit, si, au lieu de décréter, en art, « ceci est bon » ou « cela est mauvais », nous constatons « ceci est classique » ou « cela est gothique », « ceci est rationnel » ou « cela est transcendantal » ; en ne faisant de ces termes ni un opprobre ni une restriction, mais en nous contentant, après avoir opéré la distinction, de bien observer les formes d'expression auxquelles chaque tendance est parvenue de son côté.

Quittant Beauvais, nous avons parcouru un paysage plus profondément normand, plus verdoyant, couvert de chaumes et de vergers ; mais en vérité, quant à notre capacité d'attention, nous n'avions pas vraiment *quitté* Beauvais, et nous sommes restés emprisonnés dans son monumental souvenir, jusqu'au moment où, brusquement, du sommet d'une colline, nous avons découvert une vallée riante au bout de laquelle Rouen scintillait au bord de son fleuve : flèches et beffrois, ponts cintrés, baignés d'un soleil doré qui semblait darder le ciel à partir des eaux miroitantes de la Seine. Je n'ai souvenir que de deux descentes également magiques vers des lieux célèbres : en direction d'Orvieto, depuis la dernière colline de la route de Viterbe ; et puis, sur un mode mineur, mais empli de modeste et antique majesté, vers Wells, dans sa tranquille vallée, quand la route de Bath gagne les hauteurs des collines de Mendip.

La poésie de la descente sur Rouen est malheureusement gâchée par une interminable traversée de faubourgs sordides. Orvieto et Wells, étant moins prospères, n'infligent pas au voyageur cette chute dans le prosaïsme, qui fait tristement réfléchir sur l'incompatibilité, dans notre système social actuel, entre la prospérité et la beauté. Quant à la ville même, lorsqu'on longe ses quais bordés de tramways, entre le bruyant déchargement des bateaux et le vacarme d'innombrables cafés, on se dit que la vieille cité gothique qu'on avait connue ne peut plus vraiment exister, qu'elle a dû être expulsée par le développement de ces activités mercantiles ; mais elle se trouve être là, malgré tout, présentant, presque intacte, derrière le masque pesant des rues modernes, la surprise de son riche médiévalisme.

Ici, en fait, le voyageur sent qu'il n'est pas dans une simple « ville à cathédrale » ; avec une rue qui mène à Saint-Ouen, une autre à

Saint-Maclou, une troisième au magnifique palais de justice, la cathédrale elle-même a dû déployer l'attrait de ses trésors accumulés pour nous inciter à nous tourner tout d'abord vers ses portes. Il y a en Europe peu d'impressions aussi complètes que celle qu'on reçoit lorsqu'on pénètre dans la chapelle de la Vierge de Rouen, où s'est lentement entassée une sorte de profusion italienne de couleurs et d'ornements autour de son élément central : le tombeau typiquement nordique des deux cardinaux d'Amboise. Il ne saurait y avoir de meilleur exemple de la sagesse esthétique du « vivre et laisser vivre » que cette heureuse façon pour deux idéaux artistiques supposés incompatibles de faire *bon ménage** dans ce coin délicieux. C'est un miracle qu'on leur ait permis d'exposer jusqu'à nos jours la réussite de leur expérience, car il y a certainement eu des moments où la tombe gothique des deux cardinaux a dû paraître, aux puristes de la Renaissance, indigne de tenir compagnie au monument du sénéchal de Brézé, dont le délicat classicisme témoigne d'une France profondément influencée par l'Italie ; de même, le maître-autel plus tardif, dans le style du Bernin, avec ses colonnes torsadées et son exubérance de rayons d'or, a dû échapper de justesse à la hache des réactionnaires gothiques[1]. Mais tous sont là, fondant

1. Ce furent les bombardements alliés de juin 1944 qui eurent raison du maître-autel baroque évoqué par l'auteur.

leurs discordances supposées en une harmonie plus complexe, emplissant l'édifice d'une richesse débordante et privilégiée de teintes et de lignes sur lesquelles l'œil se promène pour en revenir toujours à la splendeur centrale de la tombe des cardinaux.

C'est un magnifique monument, opposant à la beauté modérée de la composition de Jean Goujon la variété insolente de ses détails, ces « et ceci, et puis cela, et cela encore » de l'ouvrier médiéval loquace, détails maintenus ensemble par ce nouveau sentiment de la structure qui incitait déjà à mettre l'épi couronnant les fleurons en relation précise avec les petits pleurants à capuche, inclinés en de multiples attitudes d'affliction dans leur niche sous la tombe. Oui, un monument magnifique, dont le plus bel élément, selon moi, est le nez de l'oncle Georges d'Amboise. Tout l'homme est superbe dans sa sobre dignité, humble devant l'autel vers lequel il se tourne, mais avec une conscience arrogante de la pourpre qui lui couvre les épaules ; et son nez résume son caractère. Nous vivons en une époque de petits nez ; cet appendice autrefois majestueux, d'un caractère intrinsèquement féodal et aristocratique, le *maschio naso* vanté par Dante, s'est rétréci en une insignifiance démocratique, comme tant d'autres belles expressions de l'individualisme. Et donc il faut regarder les peintures et les sculptures anciennes pour comprendre ce qu'était la fonction d'un nez : la proue d'un visage, l'emblème de la position de son propriétaire, de sa relation au monde et de son héritage du passé. Déjà, dans le profil du neveu cardinal, agenouillé un peu en arrière de son oncle, ce noble trait semble avoir subi une légère diminution : sa projection, quoique toujours hardie, est moins impérieuse ; il paraît pour ainsi dire avoir poussé dans un élément moins fertile. Cette dégradation s'est poursuivie de génération en génération, le nez s'est émoussé contre les résistances croissantes de l'atmosphère démocratique, et rabougri, atrophié, amorphe, il ne sert plus maintenant qu'à se rappeler à nous lorsque nous avons un rhume.

Une fois revisité le nez du cardinal, le premier but de notre étape à Rouen se trouvait atteint ; notre deuxième but était de nous rendre, en passant près d'objets de bien plus grande importance, au musée bien aménagé, mais morne, où l'on peut voir *La Vierge entre les vierges* de Gerard David. Tout voyageur dans le monde a ces pieux pèlerinages à accomplir, non pas nécessairement vers des sanctuaires de grand renom (est-on, par exemple, toujours irrésistiblement attiré par *La Transfiguration* de Raphaël, ou par la Vénus de Milo ?), mais vers des œuvres de moindre importance, d'abord découvertes, peut-être, par un heureux hasard, ou possédant un pouvoir de suggestion particulier qui manque aux chefs-d'œuvre en raison de leur parfait achèvement. Ainsi, je connais quelqu'un qui, dans la National Gallery, va directement vers Piero di Cosimo et sa *Mort de Procris*; ou, dans le salon Carré du Louvre, vers l'*Apollon et Marsyas* du Pérugin ; ou vers tel tableau fantastique et allégorique, au sujet obscur et d'un artiste inconnu, dans un coin secret de la galerie des Offices ; et préfère parcourir des lieues pour revoir, dans le petit musée de Rimini, une *Mise au tombeau* de l'école de Mantegna, plutôt que de contempler le plafond de la chapelle Sixtine.

Tout cela risque d'avoir involontairement l'air d'une dépréciation du tableau de Gerard David, qui est en somme un chef-d'œuvre de son école ; mais cette école est subalterne, et le nom du peintre n'est guère retentissant, sauf pour le spécialiste d'art flamand ; et l'on a peu de chances d'être aussitôt compris si l'on déclare, devant quelque autre toile : « Ah, oui, cela me rappelle tel et tel détails de *La Vierge entre les vierges.* »

C'est d'autant plus une raison pour apprécier l'œuvre et l'artiste dans une salle déserte du musée de Rouen, avec ce doux sentiment de supériorité et d'exclusivité dont s'estime investi tout découvreur de mérites secrets. Car une grande part du charme de cette toile tient à ce qu'elle n'est pas devenue un terrain de pique-nique pour les excursionnistes d'art ; et une grande part du charme de sa beauté intrinsèque, de la sereine gravité des teintes et des attitudes, de la translucidité céleste, surtout, de la grappe cueillie dans les vignes du paradis, tient à ce qu'elle nous laisse indécis, et qu'elle demeure retirée dans les mystères où elle nous attire. On tremble à l'idée qu'un jour elle puisse cesser de briller de ses propres demi-teintes, et qu'elle devienne un objet étoilé par le Baedeker...

III

De Rouen à Fontainebleau

La Seine, deux jours plus tard, avec ses courbes paisibles, nous a guidés de Rouen vers Les Andelys, dans une telle abondance de jardins en terrasses scintillant au-dessus de ses rives, d'îles humides bordées de peupliers, de falaises basses et verdoyantes déviant ses flots argentés, que nous n'avons cessé d'interrompre la course de notre auto, et de nous arrêter çà et là pour bien remarquer à quel point la France comprend ses fleuves, sait en jouir et vivre avec eux.

Mais elle semble avoir en partie cessé de vivre avec son grand passé ; car, ce matin-là, il nous a été impossible de nous faire indiquer la direction de Château-Gaillard, forteresse de Richard Cœur de Lion, dominant Les Andelys. Chaque carrefour de la route de Paris semblait mener dans l'inconnu et, toutes les fois que nous avons demandé notre chemin, la réponse a été invariablement : « *Pour Paris, c'est tout droit**. » Cependant, nous étions à quelques kilomètres seulement de deux des bourgs les plus pittoresques de France, Le Petit-Andely et Le Grand-Andely, surmontés d'un édifice qui avait fait époque dans l'architecture militaire et se trouvait associé à une des figures les plus romanesques de l'histoire ; nous savions donc qu'en longeant de près les sinuosités de la Seine, nous finirions par atteindre notre but. Ainsi, après nous être dépêtrés avec peine de la route de Paris, nous avons continué par des chemins tranquilles et des villages inconnus, des *manoirs** de pierre grise enveloppés d'épais buissons de lilas et de cytise, de rives ombragées où des pêcheurs somnolaient dans leurs barques, de prés où du bétail paissait sous les saules, jusqu'au moment où les pentes douces se sont brisées contre de hautes falaises hérissées d'ajoncs, le cours serein du fleuve se trouvant forcé de prendre un brusque tournant à leur base. Il y a quelque chose de fantastique dans ce soudain changement de décor près des Andelys, d'un paysage fluvial français coutumier se transformant en ce qui pourrait être l'arrière-plan d'un tableau de Piero Della Francesca, avec ces roches étrangement rongées et cette végétation maigre et noire ; tandis que la Seine, sortant de sa calme progression au milieu de prairies dociles, suit une courbe majestueuse menant au Petit-Andely, et puis s'échappe au pied des hauteurs où le roi Richard a planté son bastion habilement conçu.

Ah ! pauvre guenille flottante de ruines, si

mince, si usée, tellement criblée de pluies de projectiles qu'elle pend sur son rocher comme une bannière déchirée avec dans ses plis des victoires oubliées ! Comme ces pierres branlantes racontent leur histoire avec plus d'éloquence, comme elles nous entraînent plus profondément dans le passé, que ne le font ces pimpants châteaux étanches, Pierrefonds, Langeais et le reste, sur lesquels l'archi-restaurateur a exercé ses volontés, les réduisant à l'état de pièces de musée, de bibelots archéologiques, qu'on a impitoyablement récurés de toutes les couches du temps ! Or c'est justement à cela que tient l'éloquence de Château-Gaillard : au fait qu'il nous expose un peu au hasard, et plaintivement, la *totalité* de l'histoire des siècles ; combien de temps il est resté debout, tout ce qu'il a vu, à quel point le monde a progressé depuis lors, et à quel chuchotement rauque et fêlé s'est amenuisée la voix du féodalisme et de la chevalerie...

La ville qui autrefois se blottissait sous la protection de ces remparts effondrés groupe toujours ses robustes maisons anciennes autour d'une église tellement chenue et vénérable, et cependant si fermement plantée sur ses vieux piliers, qu'on pourrait l'imaginer proposant charitablement à ce pauvre fantôme de forteresse de descendre pour s'abriter sous ses voûtes. Commune et château ont changé de positions suivant les fortunes changeantes des siècles, le lent développement de la ville débordant sur le bref et arrogant épanouissement de la forteresse, fille de Richard pour une seule année, qu'il a arbitrairement mise au monde. L'édifice en soi n'est à présent rien de plus qu'un accessoire de scène pour la muse de l'Histoire ; mais la ville, pauvre petite ramification accidentelle d'une exigence militaire, s'est constitué une existence autonome, est devenue un centre durable d'activités humaines ; même si, par un accident dont le voyageur ne peut que se réjouir, elle conserve, en dépit de ses constructions intactes et de son air de santé inentamée, ce caractère inactuel, et non modernisé, qui donne à certains petits bourgs français une allure de vigoureux centenaire, jouissant de toutes ses facultés, mais portant un costume d'une époque révolue.

Regagnant la route de Paris, nous avons retrouvé les paysages habituels de la Seine, avec des villages riants accrochés à ses rives, des lilas et des glycines débordant de hauts murs, de pimpants petits cafés sur des places ensoleillées, des flottilles de bateaux de plaisance amarrés à des pontons ombragés par des saules.

Plus vivement que partout ailleurs on sent sur ces bords de Seine l'aménité des manières françaises, ce long processus d'adaptation sociale qui a produit une intelligence si profonde et si générale de la vie. Tous les gens que nous avons vus au passage, du batelier jusqu'au garçon boulanger avec sa toque blanche, de la *marchande des quatre saisons** à son petit chien blanc lové philosophiquement sous sa carriole, du pâtissier plaçant dans sa vitrine un appétissant plateau de *brioches** fraîches à la *bonne** du curé qui sort sur le seuil pour secouer une laitue, toutes ces personnes (et je tiens spécifiquement à inclure parmi elles le petit chien) prennent leur aise ou poursuivent leur activité avec cette bonne humeur qui relève d'une intelligente acceptation de circonstances données. Chacune, chacun, a sa niche établie dans la vie, des préoccupations, des intérêts franchement avoués dans son domaine particulier, sa fierté pour la prestance de sa barque, les attraits de sa vitrine, le luisant de ses *brioches**, le croquant de sa laitue. Et cette admirable *conformité des choses*, qui est comme une sorte de conséquence morale d'un sens universel de la forme propre aux Français, les a menés à une découverte heureuse et capitale, à savoir que les bonnes manières sont le plus court chemin vers le but qu'on se propose, qu'elles lubrifient les roues de l'existence au lieu de les coincer. Cette découverte, résultat frappant, selon nous, de l'application des outils mentaux les plus fins aux données confuses de la vie, semble avoir illuminé non seulement les relations humaines, mais aussi leurs conditions extérieures, poussant à une perfection dans le cadre matériel de la vie, une sorte d'accord dans les objets inanimés ; bref, formant l'arrière-plan du spectacle que nous traversons, la toile sur laquelle il est peint, et s'exprimant autant dans l'aspect soigné de chaque jardin privé que dans cette dignité, cette bienséance officielles affirmées et si miraculeusement maintenues, à travers toutes les turbulences des passions politiques, tous les changements de systèmes sociaux, par un peuple résolument tourné vers une intelligente jouissance de la vie.

Par Vernon, avec ses allées taillées *en berceau**, par Mantes, avec ses coquets jardins, et la gracieuse église trop restaurée qui domine sa place, nous nous sommes rendus à Versailles, abandonnant le cours de la Seine afin d'avoir ensuite un aperçu du paysage autour de Fontainebleau.

Au sommet de la route de Buc, qui monte avec des virages raides à partir de la place du château à Versailles, on tombe sur l'aqueduc, un des monuments de cette splendide folie qui créa la « Maison Dorée » de Louis XIV, et fit surgir des bosquets et des jardins miraculeux dans une plaine aride. Cet aqueduc, faisant partie de l'extravagant système d'irrigation dont la machine de Marly et le grand canal de Maintenon commémorent des phases successives et désastreuses, encadre, entre ses hautes arcades inutiles, vers le sud-ouest de Versailles, des morceaux de campagne tellement charmants qu'il prend place parmi ces expériences architecturales avortées qui semblent, somme toute, avoir été complètement justifiées par le temps.

Le paysage que dominent ces arches est une région haute de bois et de vallons, avec des châteaux au bout d'allées verdoyantes, et de vieux villages fleuris nichés dans les plis des collines. Dès le premier virage de la route au-dessus de Versailles, l'urbanisme bien entretenu des environs de Paris fait place à la véritable allure de la campagne, riante et elle aussi bien entretenue, mais plus tranquille et doucement ombragée, avec de grandes fermes, de paisibles sentiers, et des regards sereins dans les visages des paysans.

En traversant certaines parties de la France, on se demande où peuvent bien aller les habitants des châteaux quand ils sortent par leurs grilles, étant donné qu'au-delà de ces grilles seuls des champs plats, sillonnés de routes droites sans arbres, s'étendent à perte de vue ; mais ici, les ondulations boisées de la campagne, l'aspect avenant des villages, la fréquence de grandes fermes hétéroclites, dont certaines, apparemment, sont des vestiges de granges monastiques fortifiées, tout suggère une similitude possible avec la vie rurale anglaise, et ses liens traditionnels entre les parcs et les champs.

Le bref trajet de Versailles à Fontainebleau, si toutefois on prend la route la moins courte, par Saint-Rémy-lès-Chevreuse et Étampes, offre une succession de charmantes impressions, plus variées que ne le sont souvent celles qu'on rencontre lors d'une longue journée de traversée automobile en France ; et, à mi-chemin, on tombe sur la splendide surprise de Dourdan.

L'ignorance n'est pas dénuée d'avantages esthétiques ; et se trouver immergé dans cette modeste ville ancienne sans savoir, ou en ayant oublié, si l'on préfère le dire ainsi, que s'y trouve le grand château de Philippe-Auguste qui, avec ses douves, son donjon, ses murailles couvertes de lierre, possède encore sa paisible place centrale ; découvrir ce vigoureux morceau d'arrogance médiévale, avec les petites maisons de Dourdan inclinant autour de lui leurs humbles toits en un cercle obséquieux, eh bien, afin de pleinement savourer de pareilles sensations, cela vaut la peine de venir d'un pays où le plus récent immeuble de bureaux et le dernier silo à grains sont les seuls monuments qui reçoivent l'hommage de l'architecture environnante.

Dourdan possède aussi le charme suprême d'une vieille auberge faisant face au *château fort**, semblable à celle où Manon et Des Grieux dînèrent en route pour Paris ; où, dans une grande cour à l'ombre des arbres, on peut festoyer de fromage et de fraises à une table enclose dans des buissons taillés, avec des chiens et des pigeons venant amicalement quêter des miettes, et le patron et la patronne, leurs servantes, garçons d'écurie et *marmitons** prenant leur petit déjeuner à une autre longue table, de l'autre côté de la haie. Maintenant que les exigences de l'automobilisme ont imposé des salles de bains modernes et des meubles de Maple dans les régions françaises les plus reculées, ces vieilles auberges romantiques, où il est délicieux de déjeuner, s'il est périlleux d'y dormir, sont devenues aussi rares que les tours médiévales dont elles sont, d'une certaine manière, contemporaines ; et Dourdan a le bonheur d'en avoir encore deux exemplaires parfaits, pour attirer l'attention de l'archéologue.

Étampes, notre étape notable suivante, nous a paru, par contraste, décevante et sans caractère ; mais, pour cette raison même, très typique de la ville de campagne française ordinaire, sèche, ramassée, insensible, comme entassant avaricieusement un long et riche passé, à tel point que son unique rue droite et grise et sa vieille église râblée pourront toujours servir de décor de *ville de province** dans mes mises en scène de fiction française. Après Étampes, quand on s'approche de Fontainebleau, le paysage devient extrêmement pittoresque, avec des roches noircies affleurant hardiment, des champs dorés de genêts, des bosquets de bouleaux et de pins, avant-coureurs des extraordinaires grès sableux de la forêt. Et bientôt les longues perspectives verdoyantes ont déployé devant nous toute la nouveauté du printemps, en s'effilant de droite et de gauche vers de lointains *ronds-points**, des croix et des obélisques de pierre moussue, pour nous mener, dans le crépuscule, vers la vieille ville, au cœur de la forêt.

IV

La Loire et l'Indre

Fontainebleau est charmant au mois de mai, et en aucune autre saison ses clairières n'ont autant d'attraits pour le promeneur ; mais c'était une étape de notre itinéraire déjà connue et familière, et nous devions continuer en hâte dans l'inexploré. Donc, après une journée de balade en forêt, et un court trajet en direction du médiéval Moret, siégeant dans ses solides murailles sur le Loing bordé de peupliers, nous avons fait route vers la Loire.

Là, également, nous avons roulé sur des sentiers battus ; traverser dans la matinée la campagne vers Orléans était destiné à nous faire voir une nouvelle région. Mais, ce malheureux matin-là, Borée s'était levé avec tout son attirail, et il nous a sauvagement pris en chasse dans la plaine nue, tantôt par l'arrière, tantôt de plein fouet, tantôt nous précédant pour se tenir en embuscade derrière un village blotti, et nous bondir dessus une fois dépassée la dernière maison. Cette plaine s'étendait interminablement, et plus elle s'étendait, plus violemment le vent nous harcelait ; et donc Pithiviers, en dépit d'associations sucrées, n'est apparu, à nos yeux plissés, que comme un coupe-vent, vivement espéré, et trop vite gagné et quitté ; et quand, à l'heure du déjeuner, nous nous sommes engouffrés, épuisés et larmoyants, dans Orléans, les multiples souvenirs de cette vénérable cité nous l'ont rendue moins chère que le fait d'y trouver une auberge où enfin nous abriter.

Cette description absolument inadéquate d'une intéressante partie de la France aura fait conclure à tout être rationnel que l'automobile n'est en aucun cas un moyen de voir le paysage. Et, ce matin-là, elle ne l'était sûrement pas ; mais alors, que dire de l'après-midi ? Quand nous sommes sortis d'Orléans après le déjeuner, le temps comme le décor avaient changé ; et quel autre moyen de locomotion nous aurait permis de communier ainsi avec l'esprit de la Loire, tandis que nous roulions sans secousses le long de ses rives dans le doux air de mai ? Car, somme toute, si, en automobile, on manque parfois certains détails du fait d'aller trop vite, on en a certains autres imprimés dans la mémoire par une crevaison opportune, ou par un « magnéto » récalcitrant ; et si, par des jours de vent, on doit filer dans la nature les yeux masqués, par les après-midi dorés comme celui-là on peut absorber chaque goutte de sa précieuse essence.

À coup sûr nous avons absorbé beaucoup de

la Loire en suivant ses courbes ce jour-là : un fort sentiment du déploiement métallique de ses flots, de l'amabilité de ses rives, de la douce platitude de ce paysage de vignobles et de jardins, image d'une société hautement évoluée mais légèrement insipide ; une impression de longs villages blancs, de villes solidement coniques sur de petites collines ; du vieux Beaugency brun dans sa coupe entre deux hauteurs, du Ménars de Mme de Pompadour avec ses lumineuses terrasses ; de Blois, enjambant noblement la noble courbe du fleuve ; et, plus au sud, de falaises jaunes criblées d'étranges logis ; des châteaux de Chaumont et d'Amboise, couronnant leurs villes entassées ; de *manoirs**, de jardins emmurés, de riches pâturages, d'îles plantées de saules ; et puis, au crépuscule, d'un autre grand pont, d'une paire de clochers érodés, et de l'étalement des toitures de Tours.

Si nous avions fait cet itinéraire par chemin de fer, nous nous serions par nécessité arrêtés plus longtemps à chaque étape, et nous aurions engrangé davantage d'impressions spécifiques ; mais nous aurions manqué ce qui est, d'une certaine façon, la véritable révélation du voyage, le sens de la continuité, de la relation entre les différents territoires, l'intimité avec les zones non répertoriées s'étendant entre les centres historiques successifs, et exerçant, de façon profonde, une influence persistante sur la tournure prise par l'histoire. Après tout, bien que certaines personnes semblent en douter, il est très possible d'arrêter le moteur et de sortir de l'auto ; et si, en longeant la Loire, nous avons peu souvent usé de ce privilège, c'est parce que, de nouveau, nous étions en terrain depuis longtemps connu, dont la topographie d'ensemble nous était justement l'aspect le moins familier.

C'est seulement deux jours plus tard, après avoir quitté Tours, et en fait après avoir laissé derrière nous les tourelles du château de Loches, que nous nous sommes retrouvés dans un nouveau paysage. C'était une froide journée de nuages hauts et de soleil changeant : ciel parfait pour couronner la vaste campagne ondulante à travers laquelle nous menaient les courbes de l'Indre. Au sud, qui était notre direction, s'étendait le Berry, la région de George Sand ; et, vers le nord-ouest, des villages au loin brillaient au bord de douces montées. Un rayon de soleil, je m'en souviens, a fixé durant quelques secondes une ville inconnue sur une de ces pentes : une ville assez importante, avec des murailles et des tours scintillant, lointaines et mystérieuses, sur la plaine ennuagée. Qui, en voyage, n'a pas été attiré par la vue impromptue de telles cités, sans savoir leur nom, ni parvenir à les situer même après un minutieux examen des cartes et des guides ? Sans doute, pour qui n'est pas initié, aucune ville n'existe-t-elle au sommet d'une colline dans cette zone particulièrement plate de la carte de France ; et pourtant, il y avait bien ici la montée d'une colline où miroitait une ville ; c'était, non pas le mirage d'un instant, mais la compagne d'un trajet d'une heure, dominant les virages de notre route, nous faisant signe au long des lieues parcourues, et m'incitant, au moment enfin où ses tours disparaissaient de vue, à former le vœu de revenir l'année prochaine afin de lui faire avouer son nom.

Mais nous nous approchions alors d'une ville avec un nom ; un nom tellement incrusté et recouvert d'associations que nous ne pouvions qu'être déçus, en arrivant dans ses faubourgs, de découvrir que Châteauroux, hormis son beau vieux château sur l'Indre, était très exactement semblable à tant d'autres mornes villes françaises, et comme farouchement inconsciente d'être une des capitales de la littérature. Et elle semble en effet éloignée de cette distinction dans la forme comme dans l'esprit. La renommée fait des ronds si larges qu'elle ne provoque pas de remous en son centre ; et même l'alerte patronne de l'hôtel Sainte-Catherine a plissé le front d'un air perplexe quand nous lui avons demandé : « Est-il possible de visiter la demeure de George Sand ? »

« *Le château de George Sand** *?* (Un silence.) *C'est l'écrivain, n'est-ce pas** *?* (Un autre silence.) *C'est à Nohant, le château ? Mais, Madame, je ne saurais vous le dire**. »

Et pourtant, nous étions à l'entrée nord du pays de *La Mare au diable* ; c'est ici que, durant des années, les chefs de file de la profession la plus sédentaire d'une race sédentaire, les *hommes de lettres** de France, descendaient par l'express de Paris, et prenaient une diligence pour faire leurs dévotions à l'oracle. Lorsqu'on considère la fatigue d'une longue journée en chemin de fer, et la peur française des *déplacements**, ce flot continuel d'éminences que Paris déversait sur Nohant donne la mesure de ce que Nohant avait à offrir en retour.

En prenant notre petit déjeuner dans la salle à manger de l'auberge, nous nous sommes irrévérencieusement figuré certains de ces illustres personnages, Liszt, Sainte-Beuve, Gautier, Dumas fils, Flaubert, en bizarre débraillé de voyage, dénouant d'étranges *cache-nez**, inquiets pour leurs sacs en tapisserie, attablés dans cette même pièce devant une omelette et du café, et puis grimpant à l'extérieur dans le coupé de la diligence. Et nous avons suivi leurs traces.

Filant tout droit, selon la méthode invariable de la voirie française, la route traverse vers le sud-est de vastes champs de blé, avec des granges et des fermes groupées comme dans les cahiers de dessins de notre enfance, tantôt affleurant, tantôt désertant les rives de l'Indre capricieuse, qui déploie dans la plaine ses courbes bordées de peupliers. Mais bientôt nous nous sommes mis à monter insensiblement; et puis un brusque virage nous a fait basculer au bord d'une crête dominant la campagne du Berry, où la rivière reparaît, en bas, avec, très loin au sud, une brume bleutée de montagnes.

La route, après cela, redescend par de doux virages, révélant peu à peu les charmants détails du premier plan, taillis vert pâle, champs bordés d'aubépines, longues rangées de peupliers dans la plaine, tandis que, tout du long, l'horizon lointain devient plus bleu, plus riche et plus mystérieux. C'est une vaste campagne solitaire, avec de rares villages, de simples hameaux, répartis dans les champs ; on comprend que la conviviale Dudevant, venant de la Gascogne plus animée, ait dû trouver la région assez mal équipée pour accueillir de la société. À la sortie l'un de ces petits villages isolés, Vicq, la vue s'étend le plus largement, et la route se remet à descendre peu à peu durant plusieurs centaines de mètres ; et, au pied de la colline, au milieu d'aubépines et de buissons de lilas, à travers des branches d'arbres en fleur, surgit à gauche un haut toit d'ardoise, couronnant la façade beige et simple d'une *gentilhommière** typique de la campagne française.

Aucune autre demeure en vue : seules, derrière les arbres, apparaissent deux humbles bâtisses à toits de tuiles, dépendances du bâtiment principal. Rien ne nous nomme les lieux, rien ne les signale ni ne les distingue des environs. La maison est tout simplement installée là, massive, placide, en relation familière avec la route et la ferme, comme un aspect de la femme extraordinaire qu'elle abritait ; et peut-être cet aspect même suffisait pour faire deviner son nom, et pour rendre presque superflue notre question haletante à la jolie gardeuse d'oies qui tricotait près de la haie.

« Mais oui, Madame... c'est Nohant. »*

Cette gardeuse d'oies, rose comme une fleur d'aubépine, un *fichu** noué autour de ses boucles, aurait vraiment pu, selon la formule habituelle des voyages sentimentaux, « sortir » d'un des romans écrits là-bas, sous la haute toiture qu'elle nous indiquait du doigt ; elle avait une honnête saveur de *terroir**, mais avec cette grâce surajoutée qu'on a reproché à l'auteur de ces romans d'attribuer à ses paysans. Elle formait, en tout cas, un lien charmant entre notre imagination et la célèbre maison ; et bientôt nous avons découvert que le miracle qui lui avait conservé sa grâce 1830 s'étendait à tout ce domaine privilégié, qui semblait protégé sous une cloche de verre d'oubli, intact, inchangé, tel un merveilleux objet d'exposition illustrant la vie étonnante qui s'y est déroulée.

Le bâtiment est placé en biais par rapport à la route, dont il était autrefois caché par un mur élevé ; mais il est écrit dans *Histoire de ma vie* que M. Dudevant, dans une crise d'activité mal dirigée, abattit plusieurs mètres de ce mur, pour les remplacer par une haie. La haie existe toujours ; et grâce à cet accès de destruction, le voyageur, en arrivant, peut apercevoir des terrasses herbeuses et des marches de pierre, encadrées de buissons de lilas, d'aubépine et d'acacia, et surmontées par la longue façade tranquille du *château**. Le mur, pour ce qui en est resté, s'étend de part et d'autre de la haie, jusqu'aux limites du domaine, ayant, à un bout, une vieille et grosse étable, avec une poivrière et, à l'autre bout, un charmant pavillon de jardin au toit conique, lié à la route par quelques marches moussues.

Perpendiculairement à cette route, un sentier ombragé longe les bâtiments de ferme ; en les contournant, on tombe sur le beau désordre d'une grande cour peuplée de vaches et de poules, et séparée de la cour d'entrée du château par le long alignement des *communs**. Cour et basse-cour font toutes deux face à une petite place herbeuse (qui, en Angleterre, passerait pour une réduction de gazon communal), au centre de laquelle, sous un antique noyer, se dresse une église bien plus ancienne encore, si minuscule, noire et ratatinée, qu'elle fait songer à une vieille paysanne aveugle sommeillant et marmonnant assise à l'ombre. C'est l'église paroissiale de Nohant ; et à quelques mètres de là, jouxtant la cour du château, s'étend le petit cimetière qui figure si souvent dans *Histoire de ma vie*, et où celle qui l'a décrit repose désormais parmi les siens. Ce cimetière est protégé des intrus par un haut mur et une grille verrouillée ; cependant, ce n'est pas là que se trouve l'esprit de George Sand, mais dans la maison et dans le jardin, et surtout dans le petit groupe d'humbles vieilles maisonnettes entourant la place ombragée près de l'église, et constituant, en apparence, la totalité du village de Nohant. Telle la gardeuse d'oies, ces petites maisons sont étonnamment pittoresques et sentimentales ; et leurs toits moussus, leurs ifs taillés, les vieilles femmes à coiffe blanche qui filent sur leurs seuils, répondent d'une façon presque idéale aux espoirs du pèlerin.

Et lorsque, enfin, dans l'exaltation et l'enchantement, on a assimilé la calme perfection de l'ensemble, et qu'on affronte cette grande question : « Est-ce qu'une visite de Nohant élucide le mystère ou l'approfondit ? », on peut seulement répondre, sur le ton prudent d'un casuiste de la Nouvelle-Angleterre : « Les deux ! » Car, si cela permet de comprendre un aspect de la vie de George Sand, cela semble également en obscurcir bien d'autres ; même si, parmi les divers côtés considérés, on inclut uniquement ceux qui ont un rapport direct avec les lieux, et non les innombrables facettes qui reflètent Paris, Venise, Fontainebleau et Majorque.

La première surprise vient de ce qu'on trouve, somme toute, que la maison a une allure... comment dire ?... bien plus digne et décente, bien plus consciente des convenances et contraintes sociales, que ne le laisseraient entendre les premières années de la vie qui y a été menée. Les tableaux de Nohant dans *Histoire de ma vie* ne ressemblent à aucune autre description des mœurs provinciales françaises de la même époque, et font songer au sombre arrière-plan d'un roman des Brontë, plutôt qu'à l'existence monotone, conventionnelle et ordonnée de la bonne société rurale en France.

Quand on se remémore la foule de personnages divers qui ont franchi le seuil de cette tranquille maison, les *enfants naturels** des deux côtés, vivant en harmonie les uns avec les autres et avec les enfants légitimes, les domestiques trop intimes, les paysans camarades de jeu, les compagnons de beuverie, quand on considère ces scènes dignes de Hogarth, ces bringues de minuit présidées par le tonitruant Hippolyte Châtiron et le sombre picoleur Dudevant, tandis que leurs femmes restaient à l'étage, écœurées mais apparemment tolérantes, on se sent immergé dans la sinistre ambiance de Wildfell Hall[1] plutôt que dans l'air léger et tempéré d'une province française. Et d'une certaine façon, déraisonnable bien entendu, on s'attend que la maison porte, même extérieurement, des marques de cette période noire et dépravée; ou, sinon, de l'existence joyeuse, mais également incohérente et improbable, menée ici lorsque la timide Mme Dudevant était en train de se transformer en la grande George Sand, et que l'étrange défilé qui continuait de se produire dans la maison se composait, non plus de gentilshommes campagnards ivres et de parents paysans bâtards, mais d'une compagnie tout aussi extravagante et mal assortie d'anciens prêtres, de naturalistes, de journalistes, de saint-simoniens, adeptes de toutes sortes de marottes religieuses, politiques et littéraires, parmi lesquels les précepteurs successifs du petit Maurice

1. *La Recluse de Wildfell Hall*, paru en 1848, est le deuxième et dernier roman d'Anne Brontë.

adoré, formant à eux seuls une lignée aussi longue que celle des rois de *Macbeth*, remportant sans doute la palme de la bizarrerie des origines et de l'adaptabilité des manières.

On s'attend que le décor de ces entrées et sorties incessantes et confuses ait l'air blessé et *déclassé** d'une maison dont l'autorité n'a jamais été respectée ; où l'on s'est depuis longtemps habitué à sonner en vain la cloche fêlée du dîner, et à tirer sans réponse le cordon élimé de l'office ; au lieu de cela, on découvre l'image d'une aisance aristocratique, une sobre demeure, consciente à tous égards de sa situation dans l'échelle sociale, de ses obligations envers l'église et les maisonnettes placées sous son aile, de ses droits sur les arpents qui l'entourent. Et ainsi l'on peut, sans trop s'égarer, reconnaître en elle le reflet de ces graves idéaux auxquels George Sand a peu à peu conformé l'expérience passionnée de sa vie ; et l'on peut même se laisser aller à imaginer qu'une vieille maison ainsi caractérisée par sa banalité même, par sa conformité, a dû exercer, sur un esprit aussi sensible que le sien, une influence imperceptible mais persistante, lui offrant cette solide concentration de pensée et d'habitudes qui font trop souvent défaut dans les conditions modernes ; et se présentant toujours à elle comme le sanctuaire de ces piétés domestiques auxquelles ses dernières années, avec un certain illogisme, mais avec sincérité, ont affecté leurs dévotions.

V

De Nohant à Clermont

Il nous est arrivé, en quittant Nohant, ce qui nous était arrivé en quittant Beauvais : la tranquille maison de campagne au bord du chemin, comme l'avait fait le puissant chœur gothique, s'est emparé de nos pensées en excluant toute autre impression. Jusqu'à La Châtre, en fait, cette petite ville sur l'Indre, où la jeune Mme Dudevant passa un hiver pour servir la carrière politique de son mari, nous étions encore dans le rayon de Nohant; et ce fut sur cette route droite, sur laquelle nous roulions, que la pauvre vieille Mme Dupin de Francueil, si *douillette** qu'elle pouvait à peine faire le tour du jardin, courut dans ses pantoufles à talons hauts, lors de cette nuit fatale où son fils, revenant d'un joyeux souper à La Châtre, fit une chute de cheval, dont il mourut, à l'entrée de la ville. Ces scènes de l'*Histoire de ma vie* sont si frappantes, elles s'impriment si pathétiquement dans la mémoire, qu'en y songeant sur place on sent, avec Edmond de Goncourt, à quel point celle qui les a écrites aurait été grande si sa plume intrépide était restée plus souvent *dans le vrai**.

La Châtre est une ville charmante, dont l'approche, du côté de Nohant, est remarquablement pittoresque, par un vieux pont au bout duquel une vieille maison, avec un jardin raide en terrasse, semble avoir poussé avec le plaisir conscient d'une construction bien arrimée; et les rues, au-delà, ont une allure de maturité nuancée de gaieté, tels ces visages de vieilles personnes du XVIIIe siècle, où les rides sont aussi joyeuses que des fossettes.

Au sud de La Châtre, la route traverse un magnifique paysage de collines jusqu'à Montluçon, sur le Cher; une belle ville frontalière, avec un valeureux passé combattant, et d'intéressantes reliques de la lignée des Bourbons; mais à présent profondément défigurée par d'affreuses usines, et les longues rues noirâtres des quartiers ouvriers. En déplorant ces ravages de l'industrie moderne sur une précieuse ville ancienne, on est contraint d'admettre que ces maisons ne sont pas des pièces de musée, mais des demeures d'êtres humains animés du désir naturel de prospérer quel qu'en soit le coût pour la physionomie de leur lieu de naissance; et Montluçon, en particulier, semble avoir été un vrai pélican livré à la voracité de ses rejetons.

Nous avions l'intention d'y passer la nuit, mais l'auberge avait cet aspect sinistre particulier dont les hôtels français pour voyageurs de commerce des villes manufacturières possèdent le déprimant secret, et qui nous a découragés d'aller seulement jeter un coup d'œil aux chambres ; et, bien que ce fût presque le crépuscule, nous avons continué jusqu'à Vichy. Par conséquent, nous n'avons eu qu'un aperçu sombre et froid de la belle gorge de Montaigut, que la route franchit en direction de Gannat, première ville au nord de la Limagne ; et la nuit était tombée quand nous avons traversé la plaine de l'Allier. Sur les bonnes routes de France, cependant, un trajet nocturne en automobile n'est pas sans compensation ; et notre avancée dans la mystérieuse obscurité des champs et des bois s'est terminée, avec un certain effet, par la longue descente d'un boulevard paré de guirlandes de lumières, dans la *ville d'eau** blanche et inanimée.

Vichy, en fait, avait à peine ouvert les volets de ses hôtels élégants ; la saison ne commence pas avant juin, et, en mai, seuls quelques curistes précoces, pour la plupart anglais, frissonnent dans les coins des salles de marbre, ou parcourent tristement les revues de l'année passée dans les salons de lecture déserts. Mais même dans cet état de semi-chrysalide, la ville, le lendemain matin, a présenté le plus rare des spectacles : la grâce triomphant des nécessités de la toilette. Seules une jolie femme et une ville d'eau française peuvent paraître vraiment charmantes en déshabillé matinal ; et la manière dont Vichy accomplit cet exploit pourrait être un modèle pour bien des jolies femmes.

L'endroit, en toute saison, est une leçon de choses pour les municipalités moins avancées ; et quand on se trouve vainement souhaiter que l'art et l'histoire, et toute la riche tapisserie du passé, puissent être d'une façon ou d'une autre mis sous les yeux de nos multitudes satisfaites de soi, on devrait réfléchir et se demander si le spectacle d'une ville française qui se respecte, bien tenue, soigneusement et artistiquement conçue comme cadre pour les agréments de la vie, n'en offre pas, somme toute, l'exemple le plus salutaire et le plus surprenant.

Vichy, même parmi les villes françaises, se distingue comme spécimen singulièrement parfait de ce que peut accomplir la fierté municipale. De sa large *promenade** bordée de platanes, flanquée des brillantes façades d'hôtels, et des arcades du casino, jusqu'au parc sur l'Allier, et les amples boulevards de ceinture, elle arbore, à chaque tournant, le même air pimpant des vacances, le rouge et mauve des graviers égaux, les bordures de fleurs éclatantes, les boutiques joyeuses, les bancs ombragés, les cafés avenants. Même les stations de fiacres, avec l'élégance de leurs victorias et de leurs vis-à-vis tirés par des bidets charnus en harnais à clochettes, semblent faire partie d'une cité de rêve, où tout ce qui est ordinairement sordide et misérable a été touché par la baguette magique de la netteté ; ou comme si quelque millionnaire utopiste avait démontré avec succès que les choses sordides et misérables n'avaient aucune nécessité d'exister.

Mais, pour l'observateur américain, Vichy est sans doute une ville fort instructive justement parce que ce n'est pas une baguette de millionnaire qui a créé l'enchantement; parce qu'elle doit sa gaieté et son élégance, non aux villas privées, aux « vitrines » des riches, mais au sage emploi public de l'argent que les curistes déversent chaque année dans sa trésorerie.

Cependant, c'est davantage pour ses environs que pour observer le déploiement de sa saison, que nous sommes venus à Vichy; et la campagne voisine a très richement récompensé notre entreprise.

À partir de la plaine de la Limagne, les collines se dressent derrière la ville en une série de terrasses séparées par des cours d'eau et des vallons profonds et boisés, mais reliées par cet admirable entrelacement des routes qui civilise, en France, les zones rurales les plus éloignées. Gravissant ces hauteurs progressives jusqu'au village élevé de Ferrières, nous avons été, le lendemain de notre arrivée, initiés à ce que nous réservait le proche avenir : une vision glorieuse, par-delà la plaine, des monts Dore et des monts Dôme. La brume montagnarde bleutée qui, dès que nous l'avions aperçue depuis les hauteurs du Berry, nous avait régulièrement appelés vers le sud, s'organisait maintenant en une rangée de rudes formes volcaniques, certaines arrondies comme des cloches, telles les absides des églises d'Auvergne, d'autres plus minces, montrant la bordure d'un cratère éteint comme dans le creux d'une coupe ; tout cela étrange, caractérisé, incroyablement différent, en lignes et en couleurs, des silhouettes montagneuses d'origine moins violente. Et, entre ces sommets et nous, s'étendait le plus opposé des paysages : les profondes prairies et les bois luxuriants de la vallée de l'Allier, avec çà et là un monticule volcanique dressant sur sa pointe un village ancien ou un château semblable à ceux du Rhin. Ce paysage, ainsi considéré, offre un mélange déroutant d'évocations, faisant songer tantôt aux villages bruns d'Ombrie, tantôt aux repaires de brigands de la Suisse rhénane ; et rappelant, aussi, la *Terra di Lavoro* du Latium et de la Campanie, avec ses lignes montagneuses dénudées, et la fertilité prodigue du bas de ses pentes ; et donc on a le sentiment de se déplacer dans une combinaison confuse de décors romantiques, avec au premier plan un tableau de Claude Lorrain ou de Richard Wilson, pour le plus grand plaisir d'un regard éclectique.

Le seul paysage qui semble avoir été exclu de cette composition est celui de la France ; à travers toute l'Auvergne, nous ne nous sommes jamais sentis en France. Mais, bien entendu, c'est parce que la France du voyageur est surtout faite de morceaux d'Île-de-France, de Normandie et de Bretagne ; et ce n'est pas avant d'avoir exploré les provinces du Centre et du Sud-Ouest, qu'on découvre les innombrables Frances qui forment la France, en constatant qu'on peut y trouver la Suisse ou l'Italie sans besoin de franchir les Alpes.

Le lendemain, nous avons observé de plus près la scène que nous avions contemplée à partir des hauteurs de Ferrières ; longeant d'abord la crête qui domine la Limagne, jusqu'à la ville ancienne et noire de Thiers, et puis redescendant vers la plaine. Notre route la traversait, en passant par la charmante ville médiévale de Pont-du-Château, jusqu'à Clermont-Ferrand, qui étend sa masse brune à la base du puy de Dôme : cité très étrange, très sévère, entièrement bâtie et pavée avec la pierre volcanique de Volvic, et couronnée par la sinistre splendeur de sa cathédrale noire. La façade occidentale et les tours de ce grand édifice ancien ont été ajoutées par Viollet-le-Duc ; et, pour une fois, sa main vigoureuse a été heureusement inspirée, si bien que, en découvrant les flèches jumelles surgissant au-dessus des toits de Clermont, on lui pardonne, pour un moment, le tort qu'il a fait à Blois, à Pierrefonds, et à Vézelay.

VI

En Auvergne

Enfin, nous sommes vraiment en Auvergne ! De notre balcon, à Royat, juste au pied des versants du puy de Dôme, nous nous trouvons en intime communion avec ses sommets bousculés, ses villes noires, ses châteaux menaçants. La cité, même dans le morne quartier neuf des thermes, est très caractéristique de la région : posée dans un creux des grands soulèvements volcaniques, avec des hôtels, des villas, des jardins, des vignobles précairement accrochés à chaque bordure ou fissure, qu'on dirait suspendus dans leur chute à partir des toits de Clermont.

Comme ville d'eau, Royat n'est pas un exemple bien ornemental de sa catégorie ; et l'agglomération présente l'inconvénient supplémentaire d'être liée à Clermont par une longue banlieue poussiéreuse, sillonnée de tramways bruyants ; mais comme base d'excursion, c'est, avec ses bons hôtels et ses « équipements modernes », le point de départ le plus commode vers les principaux lieux d'intérêt d'Auvergne, pour l'automobiliste qui peut rentrer le soir même, se restaurer d'une nourriture digeste et se reposer dans un lit propre, réconforts qu'on est trop souvent condamné à chercher en vain dans le centre de la France.

L'Auvergne, une des vieilles provinces françaises les plus intéressantes, et jusqu'ici quasiment la moins connue, présente au voyageur réceptif deux aspects distincts et également frappants : d'un côté, son architecture religieuse remarquablement typée ; de l'autre, ses paysages non moins typiques. Presque toutes ses villes se distinguent par une église ancienne et bistrée, avec narthex occidental, grande tour centrale, et curieuses incrustations de lave polychrome, manifestations, en Auvergne, d'un élan architectural aussi fortement marqué que celui qui a fleuri, un siècle et quelques plus tard, et à une plus vaste échelle, dans le gothique d'Île-de-France. Et les cités entourant ces églises, sur la crête ou les flancs d'une éminence surgissant de la plaine, ces cités mêmes, avec leurs rues étroites et pentues, leurs maisons hautes et noires, ont tant de sombre caractère, et de nette affinité avec les féroces châteaux prédateurs des collines voisines, qu'on est arrêté à chaque tournant par le désir de remonter le fil obscur de l'histoire qui les attache à cette partie méconnue du riche passé français.

Mais pour le voyageur au temps limité, l'autre aspect du tableau, son arrière-plan, à vrai dire, de pics bleus tourmentés, et de vastes forêts, qui doit s'affirmer, en toutes saisons, aussi fermement que l'aspect historique et architectural des villes, est susceptible, en mai, de remporter la victoire. En tout cas, nous étions venus dans le modeste but de survoler la région du regard, en ayant un de ces aperçus qui incitent à revenir plus tard, pour s'attarder et observer ; et le paysage que nous avons contemplé à partir du balcon de Royat nous a confirmés dans notre décision d'avoir autant que possible une vue d'ensemble, et de réserver l'étude des détails à notre prochaine visite... déjà projetée !

Par conséquent, nous sommes partis tôt le lendemain matin pour nous rendre au cœur des monts Dore. Notre chemin nous a menés vers le sud, le long d'arêtes dominant la large vallée de l'Allier, pour ensuite monter et descendre des hauteurs volcaniques, tantôt densément boisées, tantôt nues et désolées. Nous étions en route pour Issoire et La Chaise-Dieu, deux des villes anciennes les plus notables de l'Auvergne méridionale ; mais, à la recherche de paysages, nous avons bifurqué avec regret au village de Coudes, à l'entrée de la vallée latérale, et nous avons gravi vers l'ouest les passages qui conduisent au puy de Sancy.

Quelques kilomètres plus loin, dans cette vallée qui suit les méandres capricieux des Couzes, se trouvent les thermes de Saint-Nectaire-le-Bas, romantiquement plantés dans un étroit défilé, sous l'église romane pyramidale que le village d'origine, en hauteur, dresse sur un promontoire rocheux abrupt. Au-delà de Saint-Nectaire, le paysage prend un caractère plus alpin et accidenté : les pâturages ont une allure suisse, et les versants touffus sont couverts d'une végétation nordique de hêtres et de pins. Bientôt, à un tournant de la route, nous sommes tombés sur le petit lac volcanique du Chambon, avec son bleu vif encadré des plus vertes des prairies, et dominé par la falaise de sombre basalte qui porte en son sommet le château fortifié de Murol. La situation de Murol, posé sur son socle rocheux au-dessus de cette haute vallée solitaire, est en soi assez impressionnante pour lui donner sa pleine valeur suggestive, et le monument est digne de cet avantage. C'est en fait une ruine très noble, élevant son donjon central au-dessus de deux bâtiments concentriques et crénelés, le plus large montrant les pilastres classiques et le grand fenêtrage de ce qui a dû être un des plus majestueux spécimens de l'époque tardive de l'architecture féodale française. Les guides de voyage datent Murol du début du XIIIe siècle, mais le château tel qu'il se présente aujourd'hui est plus tardif, et la grande façade rectangulaire est un intéressant exemple de cette période transitoire où l'architecture des palais italiens s'est greffée en France sur les masses rugueuses des constructions militaires.

Juste après le lac du Chambon, la route se met à gravir les longues courbes du col de Dyane, passage qui mène à la vallée du mont

Dore. Durant notre montée parmi des prairies pelées et des bosquets étiques, les montagnes d'Auvergne se déroulaient vers l'est en une de ces étendues solitaires et tourmentées de pics, de crêtes et de gouffres qui font songer aux étranges ondulations de quelque planète inhabitée. Le col de Dyane n'est pas très élevé, mais il offre, du haut de sa courbe, une impression curieusement marquante de lointains mystérieux ; en partie, sans doute, parce que dans cette zone déserte il n'y a ni village ni maison pour jalonner le labyrinthe des cimes ; mais surtout en raison des contours convulsifs que leur ont imprimés les feux souterrains.

Un vent froid balayait le passage, et des plaques de neige subsistaient sous les roches en bord de route ; et donc notre humeur comme notre regard ont été revigorés lorsque bientôt nous avons, à travers une sombre forêt de pins, commencé notre descente vers la vallée de la Dordogne. Les thermes du Mont-Dore s'étendent juste à la sortie du col, à l'embouchure d'une vallée qui se creuse au pied de ce plus haut sommet d'Auvergne qu'est le puy de Sancy. L'air était plus doux, la végétation était luisante et printanière, mais, manifestement, nous étions toujours en altitude ; quant au Mont-Dore, non encore équipé pour les divertissements des curistes, il avait l'aspect de pauvreté qui caractérise partout l'authentique village de montagne. Plus tard, sans doute, lorsque ses hôtels seront ouverts, et que ses maigres jardins seront fleuris, il s'enduira d'un mince vernis de frivolité; mais il conservera sûrement son allure austère, avec ses rues mal pavées, et ses maisons revêches groupées sur un fond de pâturages alpins. Par conséquent, nous n'avons guère regretté que ses rares restaurants opposent des volets barrés à notre appétit de midi, et d'être obligés de suivre les premiers pas de la Dordogne naissante jusqu'aux thermes de La Bourboule, plus bas dans la vallée.

La Dordogne est un enfant à la croissance vigoureuse, et en bondissant hors du berceau, sous le puy de Sancy, elle déroule un beau torrent brun entre des rives abruptes et boisées. Son cours nous a rapidement guidés au long du vallon montagneux jusqu'à l'aimable mais quelque peu insipide petite ville d'eaux de La Bourboule, nichée au creux des collines, sur un arrière-plan de versants qui, en été, devraient offrir de très agréables promenades entre les moments de cure; et là, dans un hôtel neuf et blanc à l'affable patronne, nous avons déjeuné d'une truite qui semblait avoir sauté directement de la Dordogne dans la poêle à frire.

Après le déjeuner, nous avons repris notre chemin le long des courbes vivaces de la rivière, pour enfin nous en séparer, à regret, au bout de quelques kilomètres, dans la vallée, traverser un morne plateau, et aboutir à Laqueuille, lugubre village montagnard battu par les vents, ne proposant de remarquable qu'une vue splendide à partir d'une corniche vertigineuse qui surplombe la vallée située au sud du puy de Dôme. Après Laqueuille, nous avons suivi les virages d'une longue descente ; et puis, nous écartant de la route directe pour Royat, nous nous sommes engagés dans une série de gorges boisées, à la recherche du lointain village d'Orcival.

L'église d'Orcival est une des plus notables de cet étrange groupe que certains spécialistes de l'architecture romane auvergnate ont tendance à attribuer, non seulement à une brève période de temps, mais à un même bâtisseur ; car elles sont très similaires, par le plan, par les matériaux, et aussi par des détails décoratifs singuliers et répétés. Nous étions donc bien décidés à ne pas rentrer à Royat sans avoir vu Orcival ; et malgré les fausses directions qu'on nous a généreusement indiquées en route, et qui ont résulté en d'innombrables demi-tours dans des vallons étroits et solitaires, nous sommes finalement tombés, au bout du plus étroit d'entre tous, sur un groupe de toitures blotties autour de la noble élévation d'une église.

Nous y étions enfin ; et notre premier regard nous a prouvé à quel point notre obstination valait la peine. Cependant, un deuxième regard nous a révélé la réalité perturbante d'une foire aux bestiaux se déroulant sur la place ; cela n'a rien d'inhabituel dans un village français, et ce n'est en général pas conçu pour gêner les mouvements des touristes, mais nous nous sommes vite aperçus qu'en raison de la situation particulière d'Orcival, qui est enfoncé à l'entrée de son vallon aussi étroitement qu'un bouchon dans le goulot d'une bouteille, l'occupation des lieux autour de l'église empêchait toute circulation.

La place était entièrement envahie ; elle nous opposait une surface mouvante de dos humains bleus et de croupes bovines blanches et brunes, si densément et inextricablement mêlés que toute tentative d'y pénétrer ne provoquait qu'une vague dans la masse, sans créer la moindre ouverture. Par conséquent, nous nous sommes arrêtés sur ses bords ; l'église, avec son magnifique *chevet** arrondi et la pyramide de sa tour centrale, formait, à quelques mètres de nous, une île dans une mer de cornes qui nous en séparait aussi radicalement que l'Égypte fut séparée d'Israël ; car une houle menaçait de déferler sur nous dès que nous nous risquions à avancer. Nous n'avons donc rien pu faire d'autre qu'admettre que nous étions des intrus, et reporter à une autre fois notre visite d'Orcival ; et, avec force reculades et tortillements, et commentaires hostiles du parti adverse, nous avons quitté d'un air penaud cet intéressant mais inhospitalier village.

La route en direction de Royat gravit le long col de Ceyssat, proche du versant méridional du puy de Dôme ; et nous avons levé un regard plein de désir vers son sommet nu, avec l'envie de tenter l'ascension, mais la crainte que nos « chevaux-vapeur » ne soient pas conçus pour de telles altitudes. Cette aventure aussi s'est donc trouvée reportée à une autre visite, que nos renoncements accumulés ont rendue d'autant plus proche et inévitable ; et nous avons poussé jusqu'à Royat à travers la plaine de Laschamps, indiquée dans les récits d'automobilistes comme le point de départ du périlleux *circuit d'Auvergne**.

VII

De Royat jusqu'à Bourges

Le terme de notre voyage approchait, et, le lendemain, la rude nécessité nous a ramenés à Vichy. Cette fois-ci, nous avons suivi la route qui longe le côté ouest de la Limagne, et traversé les cités anciennes de Riom et d'Aigueperse. Riom, en raison de ses larges boulevards et de ses places ouvertes et lumineuses, nous a paru être l'endroit le plus chaleureux et le plus animé de notre randonnée en Auvergne ; et puis la ville a une grande allure d'élégance de la Renaissance, plusieurs de ses vieux hôtels à meneaux ayant été bâtis au XVIe siècle, période majeure de son développement.

Aigueperse, au contraire, malgré sa situation dans la même plaine luxuriante et ensoleillée, présente l'aspect morose typique de la ville auvergnate, sans mérites compensatoires, excepté deux tableaux frappants de l'école italienne, qu'on peut voir dans la cathédrale modernisée. À partir d'Aigueperse, notre chemin a continué vers l'est, à travers la Limagne, jusqu'à Gannat ;

et puis nous avons pris la direction de Vichy, par une route agréable au milieu des champs et des bois, sur l'autre côté de la plaine.

Pour notre voyage vers le nord, nous sommes partis tôt le lendemain matin, car notre piètre expérience des auberges du centre de la France nous rendait soucieux de parvenir à Orléans avant la nuit. On ne peut pas accomplir d'aussi grands trajets sans sacrifier quantité d'attraits et d'arrêts en chemin ; et l'on devrait voir à loisir cette partie du pays durant les longues journées d'été, lorsque les hôtels sont moins funèbrement humides et que l'on peut rester tard dehors, au lieu d'avoir à grelotter le soir autour d'une lampe à huile fumeuse, à l'intérieur d'une chambre qui ne supporte pas l'inspection, même dans cette lumière faiblarde.

En route, je m'en souviens, nous avons éprouvé bien des regrets ; le moindre n'étant pas d'avoir dû mettre en simple parenthèse la charmante et parfaite petite ville de Lapalisse sur la Besbre, où la masse couverte de lierre du château féodal des comtes de Chabannes, surplombant un méandre de la rivière, compose un tableau saisissant avec les maisons pittoresques à ses pieds.

Plus au nord, Moulins sur l'Allier nous a infligé un regret encore plus poignant ; car cette belle ville ancienne a de considérables titres à la distinction, en dehors même du grand triptyque, qui a rendu son nom fameux dans toute l'Europe, à la suite d'une récente exposition de primitifs français à Paris. *La Vierge de Moulins*, trônant en pleine gloire dans la cathédrale au milieu d'anges aux doux visages lombards, demeure sans aucun doute l'ornement suprême de la ville, ne serait-ce qu'en raison de l'énigme insondable qu'elle présente aux chercheurs des déconcertantes annales de l'art français des premières époques. Mais à côté de cet éminent trésor, et de l'intérêt de plusieurs reliques de moindre importance, Moulins possède le net agrément de sa propre physionomie bien caractérisée. Avec ses rues aux pavés clairs, ses beaux hôtels du XVIIIe siècle et ses vastes *cours** bien dallées, elle semble être, après les villes noires et revêches du sud, singulièrement ouverte et chaleureuse ; et l'on devine, derrière les balcons et les portails de pierre des magnifiques façades, la présence de salons lambrissés, ornés de portraits au pastel et de tapisseries fanées.

L'approche de Nevers, cette vieille capitale du Nivernais, nous a ramenés brusquement au Moyen Âge, mais à un médiévalisme nordique et exubérant fort éloigné de la tradition gallo-romaine du centre de la France. La cathédrale, avec ses portails ornés et sa tour aux décorations fantasques, possède, dans l'ancien palais ducal de l'autre côté de la place, un rival plus que capable de relever le défi à armes égales : un bâtiment à l'extérieur décidément valeureux, avec de fines tours d'angle, et, à l'intérieur, un grand escalier célébrant par d'abondantes sculptures les débuts légendaires de l'antique maison des Clèves, qui, au XVe siècle, s'est alliée par mariage au duché de Bourgogne.

À Nevers, nous nous sommes retrouvés sur la Loire; mais nous nous en sommes bientôt écartés pour une longue traversée de la campagne en direction de Bourges. Nous avons alors laissé derrière nous le charmant paysage diversifié qui nous avait accompagnés jusqu'aux rives de la Loire, et nous sommes entrés dans une région d'ondulations basses et monotones, s'aplatissant graduellement en de vastes champs de blé aux environs de Bourges. Mais qui aurait voulu un cadre différent pour cette mémorable silhouette, trônant dans son fier isolement, de quelque endroit qu'on l'approche dans la plaine? On oublie même, à distance, que la nature, par une opportune élévation du terrain, a contribué à la singulière éminence de la cathédrale : cette colline, et la ville qui s'y pose, ne semble former qu'un piédestal pour l'édifice. Ce n'est qu'en gravissant les rues abruptes qui montent à partir de la place Saint-Bonnet qu'on prend conscience des avantages topographiques particuliers du site : avantages qui contribuent sûrement à l'effet d'abord écrasant et d'une certaine manière inexplicable de la cathédrale, aperçue pour la première fois.

Et même à présent, lors d'une deuxième visite, en gardant frais en mémoire les grands monuments d'Île-de-France, nous avons ressenti le même effet, et la même difficulté à l'amoindrir, en le comparant à l'impression plus riche, mais peut-être moins profondément gothique, produite par les églises rivales du Nord. Car on peut toujours commencer par admettre, et par dénoncer, les défauts de Bourges, sa façade irrégulière et peu harmonieuse, ses maigres pilastres, sa mesquine nef latérale, on finit cependant par se trouver dans un état où la critique cède de force à la sensation, où l'on se soumet complètement à l'envoûtement de sa signification spirituelle. Il serait sûrement difficile de mettre le doigt, à l'intérieur comme à l'extérieur, sur une cause spécifique et tangible de ce sentiment. Faut-il la trouver dans l'extraordinaire beauté des cinq portails occidentaux, tellement chargés d'imagerie noble et pathétique et de délicats détails ornementaux ? Mais en cela les portes de Chartres les surpassent ! Est-ce donc, à l'intérieur, l'intensité des bleus et des rouges de ses multiples vitraux anciens ? Mais Chartres, encore, a de plus beaux vitraux datant de cette incomparable période. Est-ce alors la longue et claire étendue de la nef et des bas-côtés, que n'interrompent pas les lignes transversales du transept ou du chancel ? Mais si l'on songe aux merveilleuses circonvolutions de l'ambulatoire de Canterbury, on doit avouer que l'art gothique, même dans sa forme conventionnellement anglaise, a su créer ailleurs davantage de poésie et de mystère dans les sinuosités, et produire un sentiment plus troublant d'ombres et de distances sacrées. Peut-être l'envoûtement de Bourges réside-t-il dans une combinaison accidentelle et heureuse de plusieurs des qualités qui prédominent dans tel ou tel édifice plus parfait; dans un mélange d'ingrédients tel qu'il en émane, lorsqu'on se tient sous les hauteurs d'un des bas-côtés, avec le regard tourné vers le chœur, ce souffle de dévotion mystique issu de l'âme même du christianisme médiéval.

« De cette douceur, écrivit sainte Thérèse au sujet de l'oraison de quiétude, l'homme intérieur et extérieur semble complètement ravi, comme si un onguent à l'odeur délicieuse était appliqué sur son âme... comme si l'on parvenait soudain en un lieu où ce parfum émanerait de toutes choses, et non pas d'une seule... sans que l'on sache de quoi il s'agit, ni d'où cela vient, mais en s'en laissant pénétrer. » Si Amiens, dans son harmonie de conception et sa vigueur d'exécution, paraît incarner la puissance de volonté en expansion d'un peuple aux croyances passionnées, et invincible dans l'expression concrète de sa foi, ici, à Bourges, on sent l'autre aspect, moins exprimable, de la grande influence directrice du Moyen Âge : cette capacité de désirer de puissants édifices et de les bâtir, mais aussi, même dans les périodes de très brutales nécessités matérielles, de créer d'autres demeures, non construites par les mains, que pouvaient habiter les esprits des saints.

DEUXIÈME PARTIE

I

De Paris à Poitiers

De nouveau le printemps, et cette longue route blanche qui se déroule de Paris vers le sud. Comment résister à l'appel ?

Nous y avons répondu par la plus douce des matinées de la fin mars, tout avril s'annonçant dans l'air, la Seine, en bas, sous nos yeux, se frangeant d'une brume de saules dorés à mesure que nous grimpions la colline vers Ville-d'Avray. Le printemps s'avance sobrement, et pour ainsi dire silencieusement, dans ces contrées européennes tempérées, où l'herbe demeure verte tout l'hiver, et le lierre, le laurier, le houx et d'innombrables autres feuillages persistants font le lien entre les mois inertes et les mois vivaces. Mais le simple fait de gravir cette route du sud au-dessus des prairies de la Seine semblait aussi définitif que tourner une page : que passer d'une image en noir et blanc à une enluminure. Et chaque jour allait nous présenter une enluminure plus chatoyante.

Goethe, dans les *Élégies romaines*, a écrit un

vers charmant, supposé évoquer sa première rencontre avec Christiane Vulpius : « J'errais sans but à travers les bois, *ayant en tête de ne rien chercher.* »

Tel était exactement notre état d'esprit lors de cette première journée de randonnée. Nous prenions simplement la route du sud, en direction du Berry, et le voyage pour nous devait véritablement commencer le lendemain, avec le trajet de Châteauroux à Poitiers. Mais c'était compter sans notre France ! Il est assez facile, en parcourant les longues listes du *Guide continental,* de glisser sur des noms comme Versailles, Rambouillet, Chartres et Valençay, dans la recherche d'un objectif précis ; mais on ne peut pas les esquiver en auto, ils se présentent en chemin, ils tendent leurs grands lacets persuasifs, ils interrompent notre course, ils compliquent nos impressions, ils nous oppressent, ils nous déconcertent, en renouvelant notre sentiment à moitié oublié des richesses accumulées de la France.

Versailles, d'abord, alignant les pilastres de sa façade occidentale devant de vastes perspectives d'allées vides et rayonnantes ; puis Rambouillet, bas dans un petit parc humide, avec des statues le long de canaux verts, et paraissant, dans cette moiteur de mars, être en quelque sorte au-dessous du niveau de la mer ; et ensuite Maintenon, avec le pourpre profond de ses murs et son délicat ornement de pierre reflétés dans les douves qui le séparent de la rue du village.

Rambouillet comme Maintenon sont typiquement français dans leur façon de tenir compagnie à leur village. Rambouillet, certes, est légèrement masqué par un grand portail, un mur et des arbres ; mais les tourelles rouge brique de Maintenon dominent les douves et regardent directement les fenêtres des maisons d'en face, avec la familière simplicité d'une époque où les distinctions de classes étaient trop admises pour être accentuées.

Notre troisième château, Valençay, qu'on peut, par besoin de comparaison, associer aux autres quoiqu'il se situe très au sud de Blois, se dresse avec plus de réserve, demandant à la ville de « garder ses distances » en bas de la colline, sur laquelle ce grand bâtiment élève ses lourdes tours d'angle et ses coupoles aplaties. Un mur énorme, semblable à une falaise, entourant tout le versant méridional de cette colline, soutient les jardins en terrasses en face du château, qui au nord est séparé de la route par une vaste *cour d'honneur** avec une porte et une grille monumentales. C'est plus impressionnant, bien que moins noble.

Mais la France ne se contente jamais longtemps de répéter ses effets ; et, entre Maintenon et Valençay, elle met Chartres et Blois. Ah ! ces vieilles villes grises à cathédrale, avec leurs rues étroites et nettes s'élargissant en direction d'une place centrale (qui, à Chartres, forme un bel ovale, faisant songer à une place du marché dans une gravure du XVIIIe siècle), leurs allées aux tilleuls bien taillés, leurs hauts murs de jardin, leurs pignons balzaciens donnant dans des ruelles à l'ombre, sous les flancs du géant de granit ! Hormis la cathédrale, avec quelle frugalité sont produits tous les effets, que de sobriété dans l'emploi des gris et des noirs, et des pâles teintes claires, comme dans un intérieur de Vermeer ; en même temps, quelle puissante évocation d'une vie traditionnelle, économe et repliée, dans ces façades basses, ces portes barrées, ces aperçus de cours propres et nues, et dans ces visages calmes mais vifs qui se montrent aux portes, et qui, d'une façon analogue, produisent de remarquables effets par les moyens les plus discrets. Les physionomies françaises, si elles ne sont pas nettement belles, sont vivement intelligentes ; mais la longue pratique des manières a posé un voile de raffinement sur leur acuité, constituant ainsi un mélange de vivacité et de bonne humeur qu'on ne trouve nulle part ailleurs. En les observant, on sent une fois de plus, comme si souvent lorsqu'on tâche d'apprécier les monuments ou les paysages français, à quel point la France obtient ses effets globaux par élimination. S'il y a en général une absence de beauté frappante dans les visages français, combien plus pesante serait la présence de la sottise, de la balourdise, de la brutalité de traits inaboutis et maladroitement tracés ! Or, comme simple ouvrage soigneusement exécuté, le visage provincial français, et même celui des paysans, présente souvent un intérêt semblable à celui d'un œuvre d'art.

Après des visites répétées aux villes françaises démonstratives, on en vient à être sensibles à ces caractéristiques mineures, aux grâces incidentes de l'arrière-plan, presque au détriment du grand spectacle officiel au centre du tableau ; et donc, tandis que la première image de Bourges ou de Chartres est celle d'une cathédrale entourée de flou, les souvenirs suivants sont ceux de villes fortement caractérisées, avec des coins de rues, des embrasures, des visages nettement dessinés, et, au milieu, une grande brume de splendeur gothique.

À Chartres, la splendeur brumeuse est traversée d'un rayon de couleurs tel que sa vision, dans la mémoire, semble palpiter ardemment de sa propre vie, comme si du sang rouge coulait dans ses veines de pierre. C'est cette suffusion de chaleur et d'éclat qui la distingue essentiellement, aux yeux non experts, des autres grands intérieurs gothiques. Ailleurs, la couleur, si jamais elle est présente, ne brûle qu'en des places incertaines et dispersées, entre de larges zones sombres de pierre grise et la fade pâleur de vitraux plus tardifs ; mais, à Chartres, de grandes vagues frémissantes de rouges et de bleus surnaturels se déversent à l'intérieur en rivières qui confluent depuis leurs sources, la grande rosace occidentale, les claires-voies et les bas-côtés, pour s'unir enfin sur les rives mystiques de l'abside.

Un court trajet d'après-midi nous a fait traverser la morne campagne s'étendant de Chartes à Blois, que nous avons atteint à l'heure bénie où le soleil couchant brunit les grands méandres de la Loire et badigeonne de pourpre les toits d'ardoise qui s'échelonnent sur la colline, au-dessous du château ; peu de toitures offrent un spectacle aussi beau que celui qu'on contemple à partir de la muraille de Blois : tourbillons bleus de faîtages et de pignons s'élevant çà et là en une tour d'église avec son *clocheton** maillé d'ardoise, et se brisant ailleurs pour laisser entrevoir une façade sculptée, ou les profondeurs verdoyantes d'un jardin suspendu ; mais seul peut-être un œil soumis aux toitures de zinc et aux cheminées de fer-blanc peut pleinement mesurer la poésie de ces vieux toits.

Revenant dans le Berry six semaines plus tôt dans la saison que lors de notre visite de l'année dernière, nous avons constaté à quel point ce vaste paysage avait besoin du relief et du modelage fournis par les divers feuillages de mai. Entre les bois dépouillés et les haies à peine bourgeonnantes, les grandes prairies semblaient bien tristes et monotones ; et seuls les jardins villageois arboraient une promesse de printemps. Mais dans l'enclos retiré de Nohant, le printemps nous a paru beaucoup plus proche ; déjà à portée de main en touffes de perce-neige et de violettes pointant dans le sol, de frais pétales rouges sur les tuteurs de rosiers, et présent par le gazouillis des oiseaux dans les lourds rideaux de lierre et de mûriers sur le mur du cimetière. Une grille mène du jardin au coin de cet enclos où George Sand et ses enfants reposent sous un vieil if. Féodaux même dans la mort, ils sont séparés des villageois défunts par un mur, et la tombe de Maurice Sand, comme le monstrueux coffre de pierre sur la sépulture de sa mère, porte le nom de Dudevant, se réclamant ainsi de la baronnie. Étrange incohérence des désirs humains, dans le fait que cette femme, qui a rendu son pseudonyme suffisamment illustre pour en faire un nom de famille, ait pu ainsi s'accrocher à celui obscur d'un mari répudié ; et, plus grande inconséquence encore, que cette descendante de roi, prêtresse de la démocratie et du fouriérisme, ait songé à brandir un titre mesquin qui ne fut jamais le sien, puisqu'il n'appartenait même pas légitimement à Dudevant ! En somme, les tombeaux de Nohant sont décevants ; hormis toutefois celui de la malheureuse Solange, avec ses quatre mots tragiques : *La mère de Jeanne**.

Mais la véritable signification des lieux se trouve tout près, sous la rangée de hautes fenêtres donnant sur le jardin broussailleux et moussu. Elles conduisent, ces fenêtres, directement dans la vie de George Sand : dans la grande et froide salle à manger, avec son sol dallé et ses murs aux simples lambris blancs ; le *salon* adjacent, *salon* hélas si radicalement remodelé par la déplorable période des papiers peints du milieu du siècle, encombrée de fauteuils et d'une table centrale, qu'on y cherche en vain une trace de la première *châtelaine** de

Nohant : cette vieille Mme Dupin à l'esprit vif et aux talons hauts qui hante encore la salle à manger lambrissée et le jardin bordé de buis. Pourtant, ce *salon* a une histoire particulière à raconter, car, à l'époque culminante de George Sand, une pareille longue table couverte d'une nappe à franges et encerclée de fauteuils formait justement le cœur de la vie d'intérieur en France. Autour de ce plateau allongé s'asseyaient les illustres visiteurs de la grande romancière, poursuivant, comme à une *table d'hôte** cérébrale, ces interminables conversations de dîner qui donnent encore, à l'Anglo-Saxon pressé, le sentiment d'être l'expression la plus typique de la sociabilité française ; et ici l'on pratiquait les différents arts domestiques : la peinture, la sculpture, et ces fins travaux d'aiguille qu'une génération aux yeux solides pouvait accomplir à la lumière d'une seule lampe. Ici, se plaît-on surtout à imaginer, Maurice Sand exerçait son ciseau sur les fameuses marionnettes de son petit théâtre, pendant que sa mère, les costumant avec des doigts experts, écoutait, silencieuse *comme une bête**, les dissertations de Gautier, Flaubert ou Dumas. Et puis les murs du salon parlent encore des premiers temps de la maison, par la voix des portraits ancestraux jalousement conservés : images des demoiselles de Verrières, du maréchal de Saxe et de la belle Aurore, étranges vestiges d'un passé qui explique en grande partie l'histoire de George Sand, jusqu'au visage orageux de

Solange Clésinger, jetant, du fond de la pièce, un regard sombre sur ses parents poseurs et sans scrupule.

Notre guide, une *bonne** brune et rougeaude, au bonnet bien serré, nous a ensuite menés, par des couloirs tortueux, jusqu'au coin le plus intéressant de la maison : le petit théâtre construit avec une naïveté ingénieuse dans ce qui avait dû être une remise ou une cave à vins. On devrait cependant dire plutôt les petits théâtres, car la maîtresse de cérémonie avait réussi à glisser deux scènes dans l'espace restreint dont elle disposait; d'un côté, la scène proprement dite, « grandeur nature », pour des acteurs vivants; de l'autre, en face de la porte d'entrée, le plus célèbre théâtre de marionnettes, élevé à quelques pieds du sol, avec un proscenium, un cintre et des rideaux miniatures : très semblable au *Puppen-Theatre* que Wilhelm Meister décrit à Marianne avec une prolixité qui fait sombrer dans le sommeil cette agréable mais frivole jeune femme.

Entre ces deux tréteaux, une vingtaine de spectateurs, sans doute, devaient trouver place derrière la rangée de bancs de bois dur réservés à la châtelaine et à ses invités les plus éminents. À présent, le vide et l'absence règnent dans ce temple des arts : vide et absence rendus plus pathétiques encore par la présence, sur des étagères au fond de la salle, de toute la troupe de marionnettes, soignées, brossées, nettoyées, attendant seulement qu'on tire leurs ficelles, pour reprendre vie et de nouveau peupler leur petite scène. Elles se tiennent là en rangs mélancoliques, la duègne, la Chimène, la *grande coquette**, Pantalon, Colombine, Arlequin, les pêcheurs napolitains, les odalisques et les paysans, les brigands et les soldats de la garde ; toutes ciselées avec une sorte de rude vivacité ; et vêtues, avec économie et dextérité, par les doigts infatigables qui maniaient la plume à l'étage durant la nuit.

Cela nous rapproche de cette existence étrange et insondable, qui s'éclaircit seulement à Nohant, et montre pour ainsi dire sa trame ; et nous en rapproche encore plus lorsque nous entendons la *bonne** rougeaude expliquer que « Monsieur Maurice » a modelé beaucoup de ses personnages comiques sur « *les gens du pays** » ; et plus que jamais lorsque nous lui demandons si Madame Sand a vraiment confectionné elle-même ces petites robes et que nous l'entendons nous répondre : « Oh, oui, je me souviens de l'avoir vue coudre, et je l'ai même aidée. J'avais douze ans quand elle est partie. »

Nous avions donc devant nous un morceau authentique de la tradition de Nohant, sous la forme d'une femme mûre, robuste et vivace : une de ces *Berrichonnes** que George Sand avait aimées et célébrées, et qui l'aimaient et la servaient en retour. Cela nous mettait, pour un moment, en contact avec Nohant ; cependant, la conséquence de ce rapprochement a été de nous faire réfléchir sur les enthousiasmes et les idéaux d'une époque disparue, et de nous donner le sentiment que le monde des croyances et des idées ne s'est jamais transformé aussi vite et profondément que durant les années qui nous séparent d'*Indiana*.

Après La Châtre, juste au sud de Nohant, nous nous sommes dirigés plein ouest le long de la vallée de la Creuse, à travers une région ayant une certaine réputation locale de pittoresque, mais qui nous a paru, dans sa nudité du début du printemps, quelque peu crayeuse et parcheminée, sans bosquets suffisants pour en draper les angles. Cependant, son intérêt architectural compense ce qui manque à son paysage et, à quelques lieues seulement de La Châtre, la petite ville de Neuvy-Saint-Sépulchre, par ailleurs sans grand caractère, possède un élément particulièrement remarquable. Il s'agit de l'antique église ronde à laquelle le lieu doit son nom : une de ces copies de la basilique du Saint-Sépulcre de Jérusalem dont l'Europe occidentale a été dotée par le retour des croisades. En dehors de leur valeur intrinsèque, ces monuments « sépulcraux » ont gagné en importance du fait qu'il n'en subsiste aujourd'hui que trois ou quatre. Le plus typique, dans la cathédrale Saint-Bénigne de Dijon, a été réduit à une simple crypte, et celui de Cambridge s'écarte du modèle en raison de son dôme octogonal ; si bien que l'église de Neuvy offre un intérêt éminent. Une nef romane de la période tardive, d'un aspect suffisamment vénérable pour exciter à elle seule l'imagination, fut adjointe au début du XIIIe siècle à la rotonde du sanctuaire, qui cependant présente toujours, du côté de la rue morne et vieillotte, sa paroi cylindrique intacte, bâtie il y a près d'un millier d'années, et surmontée, quelque quatre-vingt-dix ans plus tard, d'un étage orné d'arcades romanes extérieures. À ce niveau, cependant, on se demande, incité en cela par un avis expert, ce qui pouvait bien être destiné à recouvrir la rotonde. Le petit dôme actuel, perché sur le tambour intérieur de la galerie supérieure, n'est très manifestement qu'un expédient ; et les archéologues ont supposé que la minceur de ce tambour a sans doute rendue impossible toute couverture plus importante.

Pour le touriste profane, en tout cas, l'intérieur de l'église est bien plus évocateur que sa coquille extérieure dépouillée. Notre chance a été d'y pénétrer vers la fin du jour, lorsque des ténèbres s'assemblent sous les lourdes colonnes du pourtour, et que des lueurs jaunes scintillent sur le maître-autel qui a si regrettablement remplacé la « grotte du sépulcre ». Et nous avons eu la bonne fortune supplémentaire d'assister à un petit défilé de fidèles, conduits par un sacristain à soutane rouge, et un prêtre au visage bienveillant du type de Massillon, pour suivre les stations du chemin de croix fixé sur les murs des bas-côtés ; nous nous tenions à l'écart, à observer cette procession se déplaçant entre l'autel lumineux et les sombres colonnes, et certains visages de paysans ont paru nous entraîner aussi loin dans le passé que les étranges masques symboliques ornant les chapiteaux au-dessus de leurs têtes.

Mais ce qui nous y entraîne au plus loin est sans doute le fait, bien connu de l'archéologie moderne, que l'église originale construite par Constantin sur la grotte tombale du Christ était, non pas du tout un temple rond, mais une vaste basilique avec une abside semi-circulaire. Les Perses détruisirent ce bâtiment au VIIe siècle, et les chrétiens qui entreprirent de le restaurer ne purent rien faire de plus que compléter le cercle de l'abside, couvrant ainsi au moins le tombeau sacré placé au centre. La série des démolitions et des reconstructions était tellement rapide en cette époque de conflits et de confusion, les registres des états antérieurs étaient tellement vagues et si souvent détruits, que les croisés, à leur arrivée, ne trouvèrent aucun témoignage de la première transformation, et rapportèrent avec eux ce modèle de temple rond qui dès lors, à travers toute l'Europe occidentale, allait représenter l'image vénérée de l'église primitive de Jérusalem.

Nous étant trop attardés dans ce précieux petit monument, nous avons été gagnés par le crépuscule peu avant d'avoir rejoint la Creuse en Argenton ; et quand nous l'avons de nouveau quittée au Blanc, les lumières étaient aux fenêtres, et le reste de notre trajet vers Poitiers a été la traversée fantomatique d'un paysage baigné de lune, avec çà et là un clocher luisant dans la pénombre, ou des pans de murs en ruine se dressant mystérieusement au-dessus d'un méandre argenté de la rivière. Nous avons éprouvé un amer regret quand un édifice au long toit dominant notre route nous a indiqué que nous passions près de la grande abbaye bénédictine de Saint-Savin, avec son incomparable revêtement intérieur de fresques; mais une certaine satiété mentale nous a pressés en direction de Poitiers.

Les voyageurs accoutumés à la silhouette bien découpée des cités italiennes, à leur offre immédiate d'une impression pittoresque, trouvent souvent que les vieilles villes provinciales françaises manquent de physionomie. Chaque cité italienne, en montagne ou dans la plaine, présente des contours aisément mémorisables même après que les détails s'en sont estompés, et il est manifestement plus facile de conserver des souvenirs distincts de Sienne et d'Orvieto que de Bourges et de Chartes. Aussi les quelques villes françaises à être nettement dessinées semblent-elles l'être d'autant plus qu'elles sont rares; et Poitiers est au premier plan dans cette éminente catégorie.

Non que cette cité montre un *galbe** caractéristique et hardi comme Angoulême et Laon sur leurs collines. Bien qu'elle soit également sur une colline, elle ne tire presque aucun avantage de sa position, et feu M. Freeman avait raison de pester contre le manque de caractère de sa ligne de toits. Le cachet, en fait, tient ici, non à un effet de pittoresque à l'horizon, telle la couronne lointaine des tours de Laon ou des dômes de Périgueux, mais à l'homogénéité des vieux bâtiments à l'intérieur de la cité : à sa façon de dérouler son histoire dense et romantique comme les pages consécutives d'une chronique richement enluminée. L'illustration de cette histoire commence avec l'étrange petit « temple » de Saint-Jean, un baptistère du IVe siècle, même s'il n'occupe que l'étage inférieur, à présent pratiquement une crypte, l'étage supérieur ayant été ajouté quelque trois siècles plus tard, quand le baptême par aspersion a remplacé l'immersion primitive. Malheureusement, l'ancien temple a subi le sort des reliques trop scrupuleusement vénérées et, entouré d'une barrière, restauré, sèchement converti en petit musée, il a perdu toute cette couleur, tout ce pathos de l'extrême ancienneté, qui font le charme des monuments les plus humbles.

Ce charme, ajouté à plusieurs autres, s'attache encore à la façade occidentale expressive de Notre-Dame-la-Grande, cette incomparable petite église romane située au centre de la place du marché. Construite en pierre gris sombre qui a revêtu, et qu'on a laissé garder, une floraison de lichen doré, semblable aux traces d'une ancienne dorure patinée par les intempéries, elle se déploie, dans le jaillissement des arches de ses portails, en une surabondance de sculptures serrées et entrelacées, typique de l'ornementation gothique dans sa phase la plus exubérante. À travers toute sa profusion statuaire et de ciselures décoratives, la façade de Notre-Dame conserve cette subordination aux proportions classiques qui caractérise le style roman de la France méridionale ; mais entre les arches, dans les grands tympans des portes, jusqu'aux écailles spécifiques du Poitou des tourelles d'angle, magnifiques avec leur arcature, quelle richesse de détail, quel splendide jeu de l'imagination !

Après une beauté aussi complète que celle offerte par cette petite église, car sa nef et sa tour de transept ne sont pas moins admirables que sa plus saisissante façade, les autres monuments que Poitiers peut présenter souffrent un peu de la comparaison. Saint-Hilaire-le-Grand, cette remarquable église du XIe siècle, avec ses triples bas-côtés et sa nef couronnée de coupoles, et, située plus bas, la basilique de Sainte-Radegonde, qui date de l'époque de la reine mérovingienne à qui elle doit son nom, ont toutes deux subi tant de modifications répétées qu'aucune ne ramène l'imagination aussi directement dans le temps que la légèrement moins ancienne Notre-Dame ; et la cathédrale même, que d'une certaine façon l'on en vient à citer en dernier dans une énumération des sanctuaires de Poitiers, est une construction manquant singulièrement de charme. Bâtie au XIIe siècle par la reine Aliénor de Guyenne, dans l'intéressante période de transition entre les arches rondes et pointues, et complétée plus tard par une façade gothique qui s'étale largement, elle court après l'effet, et le manque, aussi bien à l'intérieur qu'à l'extérieur. Pourtant, elle possède quelque chose de mémorable dans ses stalles du XIIIe siècle, presque uniques à cette date en France, hauts sièges sévères, aux dossiers formés d'arches pointues, avec de délicates sculptures en bas-relief entre les tympans. Il y a, en particulier, une petite chauve-souris, avec des ailes éployées semblables à des toiles d'araignée, si délicieusement adaptée à son espace alloué, le modelé de son museau à moitié humain manifestant une telle finesse d'observation qu'elle reste en mémoire à l'instar d'un ouvrage classique échappant aux époques et aux styles.

Nous étant attardés sur ces choses, et ayant saisi en chemin une impression du palais de justice disparate et confus, avec sa magnifique *grande salle** achevée et ornée par Jean de Berry, nous nous sommes mis à songer avec regret aux merveilles que nous avions manquées lors de notre trajet du Blanc à Poitiers. Nous ne pouvions rebrousser chemin, sinon partiellement jusqu'à la curieuse petite ville de Chauvigny, que nous avions vue nous lancer un signe prometteur au-dessus d'un méandre de la Vienne au clair de lune.

Nous l'avons trouvée, de jour, non moins attirante, et pleine de richesses insoupçonnées. De ses deux grandes églises romanes, celle de la ville basse est notable à l'extérieur par son abside à arcature extrêmement belle, et contient à l'intérieur une fresque frappante du

XVe siècle, où le Christ est représenté suivi d'une foule de fidèles, rois, évêques, moines et clercs, qui l'aident à porter la croix. L'autre église, qui est plus vaste et plantée à la cime de l'escarpement abrupt élevant la *haute ville** au-dessus de la Vienne, a un étrange corps de garde composé de pas moins de cinq châteaux féodaux, tellement serrés sur l'étroit sommet de la falaise que leurs murs extérieurs se touchent presque. Le manque, dans cette campagne ouverte, de zones aisées à fortifier a sans doute conduit les évêques de Poitiers, qui étaient également barons de Chauvigny, à cette étrange alliance défensive avec quatre de leurs nobles voisins ; et l'on se demande comment ce ménage à cinq a vécu en paix, quand les perturbations locales rendaient nécessaire de se tenir sur le rocher.

Les murailles entaillées et les donjons drapés de lierre des ruines rivales forment un cadre extraordinairement romantique pour la curieuse église de Saint-Pierre, fermement assise au bord extrême de la falaise, et rassemblant sous ses flancs le morceau de la ville contenu dans le pourtour fortifié. Il n'y a rien en architecture d'aussi évocateur d'un âge extrême, et pourtant d'une sorte de vigoureuse longévité, que ces églises romanes compactes, avec leurs voûtes prudentes, leurs solides tours centrales, le groupement massif et serré de leurs chapelles absidales. La Renaissance a placé le style classique dans une relation tellement permanente avec la vie moderne que cette architecture du XIe siècle paraît plus lointaine que la Grèce et que Rome ; cependant, ses édifices n'ont rien de la périlleuse fragilité du gothique tardif, et l'on associe plus volontiers l'idée du romantisme des ruines aux arches pointues qu'aux arches rondes.

Saint-Pierre est un singulièrement bon exemple de cette robuste école ancienne, qui vit les dernières vagues des invasions barbares se briser à ses pieds, et semble susceptible d'assister au ressac de bien d'autres marées avant que ses murailles obstinées en soient submergées. C'est dans leurs sculptures, en particulier, que ces églises nous ramènent à un monde obscur et craintif dont nous restent peu d'indices : ces mystérieuses créatures maléfiques peuplant leurs archivoltes et leurs chapiteaux paraissent surgies des visions féroces d'une tentation de cénobite, quand les ermites du désert combattaient ces diables qui sont peints sur les tombes.

Les chapiteaux des absides de Saint-Pierre sont une ménagerie pour ces étranges démons, bêtes mauvaises grimaçant et ricanant parmi les saints et les anges trapus qui énoncent, sans se soucier de ce hideux voisinage, l'histoire de la naissance du Christ. Les animaux sont plus adroitement modelés que les anges, et, à Chauvigny, un monstre étique, avec des flancs de lévrier, un visage sous-humain, et une longue queue courbée terminée par une main humaine crochue, hante la mémoire comme l'incarnation d'une subtile malfaisance.

II

De Poitiers aux Pyrénées

La route de Poitiers à Angoulême traverse une campagne aux contours variés et vallonnés, qui a quelque chose de normand, mais tournée vers le sud et non vers l'ouest.

Les villages sont moins nombreux qu'en Normandie, et marquent moins le paysage ; mais la route traverse deux petites villes endormies, Civray et Ruffec, chacune remarquable par la possession d'une importante église romane typique du Poitou. Celle de Civray, en particulier, est assez fameuse pour faire l'objet d'un pèlerinage spécial, et la trouver sur notre chemin a contribué à l'éclat général de notre journée. On y découvre l'archivolte sculptée et la riche imagerie de Poitiers, une étrange figure mutilée de cavalier sans tête incluse dans une arche au-dessus du portail, comme dans l'abbatiale Sainte-Croix de Bordeaux ; mais la façade est couronnée d'étonnants mâchicoulis du XVe siècle, qui, en dépit de leur ajout plus récent, donnent à l'ensemble une allure plus ancienne, en évoquant un passé violent et guerrier.

Angoulême, placée sur un promontoire entre la Charente et l'Anguienne, domine vers le nord, le sud et l'est un vaste pourtour ondulant de plaines et de bois. L'intérieur de la ville paraît terne, et dénué d'éléments caractéristiques ; mais sur la façade de la cathédrale du XIIe siècle, perchée au bord de l'escarpement au-dessus de l'Anguienne, les détails sont en profusion aussi abondante que sur celle de Notre-Dame de Poitiers. Toutefois, si nous nous souvenons des guirlandes des archivoltes, du grouillement de figures dans les innombrables niches et arcades, plutôt que des lignes fondamentales qui devraient les relier, c'est que la conception générale ne produit guère d'effet ; et l'intérieur, couronné d'un dôme à la manière de Saint-Hilaire de Poitiers, a un aspect singulièrement rigide et nu.

Cependant, une fois que l'on a payé le tribut dû à la cathédrale, on est appelé, dès le seuil, à reconnaître l'autre titre d'Angoulême à la distinction : son splendide site naturel, et comment l'art en a fait le meilleur usage. Partant d'un long *cours** arboré et bordé d'*hôtels particuliers**, une grande avenue longe toute l'étendue des remparts, s'interrompant à mi-chemin en une terrasse hardiment suspendue au-dessus de la vallée, se terminant par une autre *place** ombragée, sous laquelle la pente de la colline a été habilement aménagée en jardin public.

Angoulême à présent tire profit de la manufacture de papier, et l'on conçoit donc qu'elle puisse se permettre de tels embellissements citadins. Mais comment se fait-il que tant de petites villes françaises placées sur une colline, telles Laon ou Thiers, par exemple, qui apparemment n'ont que leur passé glorieux pour subsister, parviennent à susciter l'admiration du pèlerin, avec leurs amples approches, leurs terrasses circulaires, leurs esplanades symétriques et plantées d'arbres ? On ne peut que saluer une fois de plus l'invincible passion française pour les formes bien adaptées, et conclure que les villes comme les nations réussissent toujours à se munir de ce qu'elles considèrent comme essentiel, et qu'heureux est le peuple pour qui ces formes-là sont essentielles.

En quittant Angoulême cet après-midi, nous avons vu les premiers cyprès et les premiers amandiers en fleur. Nous étions enfin dans le Midi ; non pas le Midi méditerranéen chaud et délicatement crayonné, qui comporte toujours une nuance d'Orient, mais le midi d'Aquitaine tempéré, rafraîchi par le golfe de Gascogne. À mesure qu'on s'approche de Bordeaux, la campagne devient moins accidentée, la ligne d'horizon s'aplatit ; mais il y a une impression véritablement noble, quand, depuis le pont de Saint-André-de-Cubzac, on contemple le majestueux méandre de la Dordogne, juste avant qu'elle ne mêle ses eaux à la Garonne pour constituer le grand estuaire de la Gironde. Peu après, vient un interminable *faubourg** poussiéreux, puis le long Pont de pierre sur la Garonne, et le fier bord de fleuve de Bordeaux, un alignement d'édifices du XVIIIe siècle qui s'étend le long du quai en forme de croissant. Se présentant ainsi, Bordeaux a certes, comme l'affirme le guide de voyage, *fort grand air**, et nous en remercions une fois de plus l'automobile qui, presque toujours, en évitant les vilains alentours d'une gare de chemin de fer, nous donne ces premières impressions romantiques et solennelles.

Le bord de fleuve de Bordeaux n'est en fait guère plus qu'un écran architectural, profond d'une rue ou deux, pour une ville commerciale brillante et trépidante, mais sans grand caractère, qui, du Moyen Âge à la fin du XVIIIe siècle, semble avoir entassé toute son histoire le long de la courbe de la Garonne. Même l'église ancienne de Sainte-Croix, contemporaine de Notre-Dame-la-Grande de Poitiers, ne dresse sa triple rangée d'arcades romanes qu'à quelques mètres de la Garonne ; et non loin se trouve Saint-Michel, majestueux exemple de gothique tardif, avec l'inhabituel ajout d'un campanile détaché, non pas situé de côté, à la manière italienne, mais faisant carrément face à la basilique, dans un petit enclos herbu de l'autre côté de la rue. Cependant, ces vestiges du vieux Bordeaux, malgré leur intérêt intrinsèque, sont en somme moins caractéristiques, moins personnels, que la *mise en scène** en longueur de ses quais : un alignement de beaux *hôtels** anciens avec leurs frontons sculptés et leurs porches majestueux, rompu au milieu par les palais symétriques de la Bourse et des Douanes, et s'étendant de l'arc de triomphe au bout du Pont de pierre jusqu'à la grande place des Quinconces, avec ses colonnes rostrales et sa terrasse à balustres au-dessus du fleuve.

Il y a pour le voyageur moderne une source de réflexion dans le fait que Bordeaux doive sa grande composition décorative, où l'on devrait inclure le théâtre déployant son splendide péristyle en face de la place de la Comédie, aux goûts somptuaires et aux vastes dépenses du marquis de Tourny, intendant de Guyenne au XVIIIe siècle. Hormis de grandes périodes de sensibilité esthétique comme celles illustrées par la Grèce antique et la République romaine, tous les grands projets d'embellissement citadin ont le plus souvent dépendu d'un seul homme peu soucieux des droits du contribuable ; et si le citoyen d'une république moderne se félicite bien étourdiment d'échapper au pillage producteur de pareils résultats, il pourrait avec un peu plus de raison s'inquiéter que le tribut légalement exigé de lui ne produise parfois aucun résultat du tout.

En quittant Bordeaux, nous avons évité la *route nationale** qui longe le plat quai ouest de la Garonne et, après avoir de nouveau franchi le Pont de pierre, nous avons parcouru vers le sud la région de vin blanc située entre la Garonne et la Dordogne, cette charmante bande de terre qui, en raison des eaux saumâtres des fleuves, porte le nom inattendu d'Entre-deux-Mers. Durant plusieurs lieues, nous avons côtoyé une ligne de maisons blanches, à moitié villa, à moitié château, situées dans des jardins bien tenus; puis sont venus les vignobles, tout aussi délicatement entretenus, et enserrés dans chaque crevasse des *coteaux** rocheux, sauf quand, çà et là, une petite ville obstrue la vue du fleuve, les principales étant Langoiran, avec sa belle forteresse en ruine, et Cadillac enclos dans de robustes murailles quadrangulaires.

Cette dernière présente l'intérêt d'être une de ces cités au dessin symétrique qui, vers la fin du Moyen Âge, furent fondées dans toute la France du Sud-Ouest afin de « ramener à la terre » une population épuisée et démoralisée par de longues années de guerre et d'invasions barbares. Ces curieuses cités « sur commande », *bastides** ou *villes neuves**, furent conçues selon un plan inhabituellement perpendiculaire, avec un hôtel de ville au centre d'une place du marché, à partir de laquelle quatre avenues menaient aux portes des quatre remparts. Parmi les exemples les plus caractéristiques se trouvent Aigues-Mortes, que Saint Louis a fait naître pour se munir d'un port méditerranéen, et Cordes, près de Gaillac, fondée un peu plus tard par le comte Raymond VII de Toulouse, et nommée ainsi par lui, avec une certaine ambition, en référence à la ville de Cordoue.

À Cadillac, la physionomie caractéristique de la *bastide** médiévale est quelque peu éclipsée par les proportions altières et la haute toiture du château, qu'un duc d'Épernon du XVIe siècle a planté dans un angle des remparts. L'église paroissiale attenante, elle-même de dimensions non négligeables, était jadis la chapelle privée des mêmes ducs, qui ont donc laissé cette vaste empreinte architecturale sur leur médiocre petite ville ; et l'on est chagriné d'apprendre que le principal monument de leur règne est tombé dans de bas usages, en étant dépouillé des belles décorations qu'abritait autrefois son toit majestueux.

Au sud-ouest de Cadillac, notre chemin passe à travers une grande pinède avec des brouillasses sèches et aromatiques, une approche des vastes landes qui s'étendent dans les terres à partir du golfe de Gascogne. Interminablement se déroule la grand-route blanche barrée d'ombres, entre des rangées de troncs rouges et des trouées de bruyères mouchetées de soleil ; et quand, après de longues heures, on émerge des mystères inattendus de ces déserts de pins pour retrouver l'activité coutumière de la France agricole, le paysage au sud se brise en un moutonnement de collines, et, au-delà de ces collines, se dressent les Pyrénées.

Étant donné qu'elles nous étaient ainsi masquées, nous n'en avons eu un premier véritable aperçu que le lendemain, à partir de la terrasse de Pau, cet étonnant balcon dominant le grand amphithéâtre de la France du Sud-Ouest. Contemplées de la sorte, avec dans le dos le prosaïsme d'une ville à l'allure anglaise et provinciale, et des *coteaux** verdoyants comme des parcs les séparant du Gave, ces cimes austères et blanches, ayant l'air de flotter dans les cieux (car la brume estompe presque toujours leur base), paraissent étrangement incongrues, disproportionnées, et comme exposées à une curiosité indigne, telles des bêtes carnassières en cage dans un zoo.

Et Pau, lorsqu'on cherche à mieux la connaître, refuse complètement de se mettre en un quelconque rapport plausible avec son grandiose horizon méridional ; elle se comporte, architecturalement et socialement, comme une confortable petite station thermale de plaine, et il faut au touriste beaucoup d'imagination pour l'élever à la hauteur de son château de briques, qu'elle a domestiqué en un musée hétéroclite et désert, et entravé dans des lacets de gazons et de fleurs.

Mais la véritable fonction de Pau est celle de moyeu d'une grande roue, dont les rayons, formés de routes lisses et blanches, s'enfoncent dans chaque pli et chaque fissure de la région. Comme centre d'excursions, aucune cité ne lui est comparable en France, car rien en France ne profite ainsi de cette douce diversité qu'offre la longue frontière pyrénéenne. Nulle part ailleurs le pastoral et le sylvestre ne s'accordent avec autant de bonheur, les villages ne concilient autant la bonne gestion et le romanesque, les premiers plans ne sont si doux, les lointains si scintillants et sublimes.

Dans toutes les directions, dans les méandres des vallées du Sud, vers Lourdes et Argelès, ou vers Oloron et les Eaux-Chaudes, et, à l'ouest, au-delà de collines basses, vers la vieille ville d'Orthez et Salies-de-Béarn, ou à l'est, encore, vers la plaine de Tarbes et son grand anneau de pics neigeux, c'est toujours la même plénitude d'émotions, partout le même éclat et la même noblesse.

Comme illustration suprême de ce type d'impressions, nous pourrions choisir un trajet d'après-midi de printemps vers Lourdes par la vallée du Gave et par Bétharram.

D'abord de riches prairies, des bordures de haies, des rues de villages ; et puis des champs encore et des collines ; enfin les eaux brunes du Gave bouillonnant entre des rives boisées ; et, quand la rivière franchit l'arche d'un pont couvert de lierre, viennent alors les murs et les tourelles du monastère de Bétharram, et son église de pèlerinage, sorte de Lourdes déserté du XVIIe siècle, donnant une idée de ce que le sanctuaire moderne aurait pu être, si les millions pour l'ériger avaient été demandés aux fidèles en une époque où la piété allait encore de pair avec l'art.

Bétharram, depuis que les dévots l'ont délaissée, est une « curiosité » assez négligeable, indiquée en petits caractères même par le copieux guide Joanne; pourtant, en regard de ce qui se présente aujourd'hui, cela vaut la peine de s'arrêter devant cette façade d'église mi-espagnole, mi-vénitienne, et d'obéir au geste à la fois suave et noble par lequel la Vierge au-dessus du porche invite les pèlerins à entrer.

Elle n'a qu'une église basse et brune à montrer, avec de lourds anges de stuc déployant leurs ailes dorées au bout d'une perspective baroque embrumée d'encens; mais l'image nous en reviendra lorsque bientôt, placés sous la grande coupole de la « basilique » de Lourdes, nous saurons gré à la piété moderne d'avoir décidé de bâtir un nouveau sanctuaire au lieu de porter la main sur un ancien.

Il y a deux villes de Lourdes, la « grise » et la « blanche ». La première, jamais décrite ni visitée, est tout simplement une des cités féodales montagnardes les plus pittoresques d'Europe. Plantée sur une roche abrupte à l'embouchure de la vallée, enserrée par les montagnes à l'ouest et au sud, elle oppose ses murailles intactes et son vieux donjon sévère à l'autre, la ville « blanche » située sur les berges de la rivière : ville de la Basilique, des Rosaires, de la Grotte, un entassement de *pensions** et de pieux hôtels, de baraques de colporteurs et de panoramas, où le *Grand Hôtel du Casino* et *du Palais** jouxte la *Pension de la Première Apparition**, et la Vierge de Lourdes ceinte de bleu attire l'attention sur la lumière électrique et le *déjeuner par petites tables** à l'intérieur.

Hors de cette vaste mer de vulgarité, d'autant plus agressive et intolérable que ses dernières vagues se brisent sur un des plus charmants paysages de ce charmant pays, surgit ce qu'un touriste non informé est excusable de prendre pour le casino d'une station thermale extrêmement à la mode, étant donné que la Grotte, au-dessous, avec ses bassins, ses robinets, ses fontaines et ses *boutiques**, a tout l'air d'être la *Source**, la *Brunnen*, où les hypocondriaques paient leur tribut à Hygie avant d'aller se détendre dans les salles dorées de l'étage. Car le sanctuaire de Bernadette a depuis longtemps été absorbé par la machinerie d'une vaste *entreprise**, une conception de la vie où chaque battement de cœur est calibré, tarifé et exploité, de sorte que même les suppliques émaillant par milliers les murs de la basilique semblent consigner autant de marchés conclus avec le Ciel : *en souvenir de mon vœu, reconnaissance pour une guérison, souvenir d'une prière exaucée**, et ainsi de suite ; et lorsqu'on s'éloigne de ce monument d'industrie florissante, on peut être pardonné de se souvenir du platane au bord de l'Ilissos, et de cette invocation : « Ô cher Pan, et vous, divinités de ces lieux, donnez-moi la beauté intérieure, et faites que tout ce que j'ai d'extérieur soit en accord avec ce qui m'est intérieur. »

Mais au-delà de Lourdes se situe Argelès, et, au premier tournant de la route, on se trouve de nouveau dans le frais pays pyrénéen, au milieu de cultures bourgeonnantes, de bétail couleur fauve et luisante, et de cette belle et sérieuse paysannerie qui fait sentir que la *ville d'eaux** dévote qu'on vient de quitter est un lit de champignons sans aucun rapport avec la vie industrieuse dont témoignent ces paysages agricoles.

Il y a toujours un intérêt ajouté, architectural et racial, dans ces régions frontalières où les idiosyncrasies d'un peuple « débordent », pour ainsi dire, sur celles de son voisin ; et les caractéristiques de chacun sont précisément indiquées par leurs traits de caractère communs. Les Pyrénéens ont une sorte de gravité espagnole, mais tellement nuancée de bonne humeur gauloise que leur abord fait songer au parfait mélange de courtoisie et de respect de soi du paysan toscan. On y sent, en tout cas, le résultat d'une civilisation ancienne, composé d'indépendance et de vie simple ; et ces beaux hommes hardis, aux traits réguliers et aux jambes droites, semblent être le produit naturel de leur riche pays montagnard, si bien discipliné par le travail, mais si romantiquement libre.

Argelès est une charmante vieille cité de collines, qui s'est tenue bien au-dessus de la nouvelle station thermale de Gazost dans la plaine ; mais le véritable objet de l'excursion se trouve plus loin en hauteur, dans une forêt de châtaigniers sur le versant des montagnes. Ici, le minuscule village de Saint-Savin tournoie comme une abeille autour de sa grande église romane, construction massive et nue, semblable au squelette de quelque animal préhistorique émergeant à moitié des roches. Ancienne comme elle est, elle s'enracine dans des vestiges d'une plus grande antiquité, les murs effondrés d'une abbaye bâtie par Charlemagne, elle-même édifiée, selon la légende, sur le site d'une villa romaine ayant servi d'ermitage à saint Savin, fils d'un comte de Barcelone.

Ce fut trop fréquemment le sort de vénérables reliques architecturales que de voir sacrifiée la fleur de leur *vétusté** à des soins scrupuleux qui leur donnent l'air de vieilles dames consciencieusement pomponnées, à propos de qui leurs parents admiratifs déclarent : « Pourriez-vous imaginer l'âge qu'elle a ? » Et seuls des monuments reculés comme Saint-Savin donnent le sentiment d'une ancienneté sans fard, d'une longue existence impassible exposée aux influences de tous les éléments. La conséquence est une impression de force rugueuse et taciturne, et de signes mystérieux évoquant, tels le bénitier du transept et les chapiteaux barbares de la salle du chapitre, ces temps obscurs où la civilisation chrétienne pesait dans la balance, et le cor de Roland sonnait à Roncevaux.

Mais une église médiévale est toujours plus ou moins dans l'ordre de la nature ; et il y a quelque chose d'incongru dans une station thermale médiévale. Pourtant, les Pyrénées en possèdent à foison ; et à Cauterets, plus haut dans la vallée, les moines de ce même monastère de Saint-Savin établirent, au Xe siècle, « des habitations pour faciliter l'usage des bains ». Du Cauterets d'origine, cependant, il reste peu de chose, et pour avoir une impression de l'ancienne *ville d'eaux**, on doit se diriger vers l'ouest, en tournant le dos à Pau, et traverser les collines, par des chemins d'une extrême beauté, jusqu'à Salies-de-Béarn. La fréquentation de ces sources salines est aussi ancienne que la charte monastique de Cauterets ; et la vieille ville de Salies, avec l'incroyable pittoresque de ses maisons à colombages, de leurs balcons, avec ses pignons noirs au-dessus de la rivière, a l'allure qu'elle devait présenter quand, en 1587, une charte lui fut accordée pour l'« exploitation » régulière des bains.

Un peu plus vers l'ouest, on croise la grand-route de Bayonne et Biarritz, et, à partir de là, on peut aller vers le sud, par Saint-Jean-de-Luz et Hendaye, jusqu'à la frontière espagnole. Mais les rayons de la roue se déploient en tant de directions différentes, et mènent à des paysages si extraordinairement variés, de la gorge sauvage des Eaux-Chaudes à la vallée riante de Saint-Jean-Pied-de-Port, du romantique col de Roncevaux à Fontarabie perché telle une Vierge espagnole peinte sur son rocher au-dessus du golfe de Gascogne, que, pour leur rendre un quelconque hommage, le vol de comète de l'automobile aurait dû s'attacher à une orbite entre la Bidassoa et la Garonne.

Même familier des lieux, on ne saurait se soustraire à l'émerveillement qu'on ressent à grimper de Pau jusqu'au faîte des collines au-dessus de Tarbes. Vers le sud, les Pyrénées se déploient en une longue ligne neigeuse, et, devant soi, chaque virage de la route offre un nouveau spectacle de bois et de vallée, de villages et de fermes prospères, jusqu'au moment où la dernière saillie de la crête montre Tarbes au loin dans la plaine, avec les sombres plis des Cévennes ennuageant l'horizon à l'est.

Tout au long de la bordure nord-est des Pyrénées se déroule le même pays opulent et lumineux ; et dans la vieille ville de marché de Montréjeau, où la Garonne trace son chemin dans la vallée de Luchon, il y a exactement cet heureux groupement de colline et de fleuve, et de ruines distantes et haut perchées, que nos grands-parents admiraient dans les paysages de l'école romantique. Nous avons eu la chance d'entrer dans Montréjeau par un lundi de Pâques, jour de marché, les rues étroites étant encombrées de bétail couleur crème et de leurs conducteurs pleins d'entrain en sarrau bleu. Une grande allégresse, une bonne humeur générale, ont entouré notre traversée de la ville vers la vaste auberge avec ses galeries ouvertes et sa cour ancienne ; et ici, la salle à manger étant aussi bondée que les rues, notre table a été dressée dans un vieux jardin clos de murs et ensoleillé, plein de fleurs printanières et d'ifs taillés.

Il semblait impossible que l'après-midi offre une circonstance à la hauteur de ce gai repas, consommé au soleil et dans le parfum des plantes ; mais nous nous sommes mis à penser autrement, quand, une heure ou deux plus tard, nous nous sommes engagés dans la première courbe de la longue montée en direction de Saint-Bertrand-de-Comminges. Cet atome de ville, embrassant un coin abrupt de roche à l'entrée de la vallée de Luchon, fut autrefois, et pendant plusieurs siècles, un siège diocésain ; et qui pouvait bien être, dans un pur esprit d'incongruité, un de ses derniers évêques, sinon un oncle de cette piquante et très vivante Mme de Boigne, dont les Mémoires récemment parus ont jeté une lumière instructive sur les derniers jours de l'Ancien Régime ?

Aucun effort d'imagination ne saurait projeter dans l'unique rue montante de Saint-Bertrand, couronnée par sa rude cathédrale gothique, la figure galante de monseigneur Drillon, un de ces prélats philosophes qu'on place instinctivement contre les *lambris dorés** d'un palais épiscopal tendu de tapisseries de Boucher. Mais en vérité cette petite ville a une histoire trop étrange et trop ancienne pour avoir conscience d'un incident aussi fugitif dans son passé. Car elle fut fondée par les tribus montagnardes qui harcelaient les légions de Pompée, et qu'il repoussa dans la vallée de la Garonne ; et, à l'époque, un vaste temple se dressait sur ce qui est maintenant le rocher de la cathédrale. Des murs et des remparts l'entourèrent bientôt, et le passage des Vandales ayant ramené les habitants de la plaine dans ce pourtour imprenable, la ville devint un diocèse lorsque L'Église catholique s'établit en Gaule. Par la suite, elle subit toutes les vicissitudes des invasions barbares, tombant enfin dans une telle décadence qu'elle fut, dit-on, désertée de ses habitants durant cinq cents ans. Cependant, la ligne épiscopale fut maintenue sans davantage qu'une longue interruption, et, au XIe siècle, le diocèse reprit vie à l'appel de son saint évêque, Bertrand de l'Isle-Jourdain. Saint Bertrand édifia la cathédrale et fit construire autour d'elle la cité médiévale qui porte son nom ; et deux siècles plus tard, un autre Bertrand, élevé à la papauté sous le nom de Clément V, restant soucieux du bon fonctionnement de son ancien diocèse, augmenta l'église romane d'une nef et d'un chœur gothiques de grande dimension.

C'est l'église de Clément V qui domine encore le rocher de Saint-Bertrand, contrastant par ses proportions monumentales avec la poignée de maisons encloses dans les murs à sa base. Cette cité à présent n'abrite guère que cinq cents habitants, et elle ne vit, précise le guide, que de ses fêtes religieuses, de la renommée de ses monuments, et de quelques « vieilles familles » qui y sont retenues *par le prestige des souvenirs**.

On se demande, en gravissant la rue abrupte, lesquelles de ces maisons décrépites servent encore d'habitation à ces intéressants dévots du passé. Aucune vie n'est visible, sauf celle qu'apportent quelques vieilles femmes chassieuses accroupies sous des arches effritées, et des enfants tournant comme des lucioles sur la place pierreuse devant la cathédrale ; et la cathédrale même semble se retirer infiniment loin dans le temps, et s'enfoncer dans d'antiques et obscurs souvenirs de la Gaule et des Visigoths.

De cet éloignement, on reçoit une impression encore plus intense lorsqu'on gagne le petit cloître inséré dans le flanc de la cathédrale et dominant la radieuse vallée de la Garonne, curieuse *enceinte** étriquée, avec ses arches courtaudes soutenues par des chapiteaux aux monstres enlacés, et dans un cas par un étrange groupe de personnages délabrés, supposés être les quatre Évangélistes, dont l'un, le saint Jean, est notable dans l'archéologie romane pour porter dans ses bras un petit aigle, qui est son attribut.

L'effet d'ancienneté est rehaussé, comme à Saint-Savin, par la bénéfique négligence qui a permis à l'extérieur de l'édifice de garder toutes les teintes et les rides de l'âge ; si bien que l'on tombe avec un élan de surprise sur le riche intérieur, soigneusement entretenu, où une brillante floraison décorative de la Renaissance a recouvert la puissante structure gothique.

Cet écran aéré, masquant le chœur, le jubé et la tribune d'orgue, d'une délicate mais robuste dentelle de bois sculpté, a conservé, dans l'air sec des Pyrénées, toute sa finesse de détail, n'acquérant qu'un lustre de surface qui lui confère presque une texture de vieux bronze. C'est merveilleusement libre et imaginatif, mais modéré par le sens méridional de la forme ; soumis aux principales lignes de composition, mais se déployant en de très vifs ondoiements de feuilles et de fleurs, d'oiseaux et d'anges et de lutins, ces audaces culminant dans les ondulations écailleuses de sirènes sur les derniers sièges du chœur, créatures de malheur et de beauté, qui semblent avoir franchi les Alpes pour apporter leurs yeux païens et leur sourire lombard oblique.

Le monstre de Chauvigny avec sa queue à doigts crochus, la chauve-souris plaintivement réelle des stalles de Poitiers, et ces évocations amphibies d'un passé classique se conjuguent curieusement dans l'esprit comme des incarnations des phases successives de l'imagination humaine, des interprétations fabuleuses de la vie.

III

Des Pyrénées vers la Provence

Lorsqu'on s'éloigne des Pyrénées vers le nord-est, le paysage lumineux et florissant se transforme graduellement en une campagne plutôt plate et d'un gris terne, qui a cessé d'être l'Aquitaine sans être encore la Provence.

Région monotone pour le moins, ce département de la Haute-Garonne devient nettement rébarbatif quand la tramontane y déferle, blanchissant les vignobles et les champs de mûriers, et faisant ployer les misérables cyprès sur un fond tourmenté de ciel grisâtre ; et ce territoire n'est guère racheté par la silhouette étalée de Toulouse, ville défraîchie, battue par les vents, largement étendue sur les berges plates de la Garonne, et cachant ses deux précieux édifices dans un réseau mesquin de rues de briques.

On pourrait se risquer à poser comme axiome général que la France n'a jamais complètement compris l'usage de la brique, et que la beauté architecturale y disparaît quand cesse l'emploi de la pierre. Saint-Sernin, la grande église de Toulouse, est d'un assez noble contour, et présente l'intérêt de marquer un point culminant du style roman français ; mais comparée aux églises de briques du nord de l'Italie, elle semble frappée d'aridité, blanchie et desséchée tel un squelette dans le désert. Le Capitole, avec sa frivole façade du XVIIIe siècle, a certes plus de chaleur et de relief que tout autre bâtiment de Toulouse ; mais chichement entouré de pauvres immeubles de briques, il paraît attendre en vain la construction des rampes et des terrasses qui devraient mener à son long et brillant alignement de fenêtres et de balustres.

À mesure que l'auto pénètre dans la région montagneuse au nord-est de Toulouse, le paysage devient agréablement accidenté vers la ligne bleue des Cévennes ; et bientôt une profonde crevasse bordée de verdure révèle la proximité du Tarn, cette étrange rivière qui semble ronger ses berges verticales et caséeuses pour tracer son chemin.

Le long de ces berges se sont précairement entassées de bizarres villes de briques : Lisle-sur-Tarn, avec son beffroi octogonal, et Rabastens, élevée sur une série d'audacieuses terrasses à arcades, qu'on peut contempler avec avantage à partir d'un pont suspendu, bien haut sur la rivière. Hormis sa situation exceptionnellement pittoresque, Rabastens est notable pour une curieuse église de briques avec une tour fortifiée et des fresques du XIVe siècle très restaurées, revêtant son intérieur comme une matière sombre richement tissée. Mais au-delà de Rabastens se trouve Albi, et après une halte de déjeuner à Gaillac, ville fort poussiéreuse et désolée, nous avons repris la route dans ce paysage sec.

Albi surgit enfin dans le ciel, masse éclatante de maisons empilées au-dessus de la profonde crevasse du Tarn. Le paysage environnant n'est que poussière et éblouissement ; les rues de briques sont des entonnoirs pour le vent plongeant ; et tout en haut, contre le bleu aveuglant, se dressent les murs de la cathédrale de briques, semblables aux flancs de quelque monstre rose et imberbe, qui aurait tout juste émergé de la rivière pour prendre le soleil au sommet de la falaise. Cette première impression d'une monstruosité animale, d'une lourde masse de chair antédiluvienne, ne se dissipe pas lorsqu'on s'en approche. Car, quel que soit l'angle sous lequel on considère cet édifice stupéfiant, ses formes rudes et ses teintes de chair produisent l'effet d'un organisme vivant, vautré avec son dos voûté et ses membres enflés, une tarasque géante ou autre rejeton d'un bestiaire phénoménal ; on peut certes estimer saugrenue cette analogie animale, mais quelle autre bonne comparaison trouver ?

Parmi les églises fortifiées du sud-ouest de la France, cette étrange construction est la plus étrange de toutes parce qu'elle est la plus vaste et qu'aucune des catégories architecturales recensées ne semble correspondre à son énorme *salle** voûtée, avec ses contre-boutants semblables à de puissants tuyaux d'orgues, se terminant à l'ouest par une tour massive comme un donjon, flanquée de hautes poivrières.

L'intérieur de cette grande salle d'allure séculière est couvert d'une étendue ininterrompue de peintures murales, et incrusté, presque envahi, depuis le chœur et l'ambulatoire jusqu'aux arches des chapelles latérales, d'une prodigieuse effloraison de sculptures et de ciselures de bois d'un gothique tardif, à moitié espagnole dans sa magnificence d'un sombre gris-brun. Mais même cet excès d'ornements ecclésiastiques ne parvient pas à christianiser l'ensemble : il y règne une atmosphère païenne, sarrasine, qui semble distillée par les pinacles de ses murailles rouges.

Pour aller d'Albi à Carcassonne, on doit franchir la masse centrale des Cévennes. Notre chemin d'abord, à travers collines et vallons, passe par un paysage boisé d'aspect septentrional, jusqu'à la ville de Castres, remarquable pour son charmant *hôtel de ville** avec un jardin planté de buis qu'on dit avoir été dessiné par Le Nôtre ; et peu après Castres, les pentes abruptes et sauvages s'apaisent en de plus longues ondulations, tandis que la route déroule ses virages sur les versants de la Montagne Noire, cuvettes sombres et vertigineuses en bas, et longues perspectives grises se déployant entre la multitude de pics. Malheureusement, une *bourrasque** nous a enveloppés avant que nous n'atteignions le sommet du col, et donc nous avons manqué toute la beauté de la lente descente vers Carcassonne au sud, et nous n'avons perçu qu'un lointain fouillis de lumières dans la plaine, en direction duquel nous avons péniblement avancé dans la pluie et le vent.

La pluie a persisté le lendemain ; mais peut-être n'est-ce pas une compagne indésirable pour une découverte de Carcassonne, puisqu'elle chasse les touristes et leurs racoleurs, et rend à l'ancienne *cité**, dans une lumière grise et mouillée, quelque chose de sa vie antérieure, étroite et secrète.

Quiconque arrive ici avec la rage au cœur contre Viollet-le-Duc peut, dans ces conditions atténuées, aller jusqu'à penser que ce restaurateur universel s'est pour une fois trouvé justifié par ses résultats ; et que sa brillante hypothèse, admettant par avance la possibilité de commettre d'innombrables erreurs de détail, produit cependant une impression globale d'exactitude. Tous les clichés ambiants du médiévalisme littéraire, les inévitables « connotations » de donjons, de herses et de remparts, contribuent peut-être aussi à l'illusion, animant ce petit bourg serré et le peuplant des personnages parmi lesquels Dante évoluait, quand Bellincion Berti allait avec une ceinture de cuir et d'os. En tout cas, l'impression est là, pour ceux qui ont la hardiesse de la recevoir, et elle est d'autant plus tangible par une journée de pluie incessante, lorsque même les gardiens et employés restent près de leur poêle, et qu'une brume bienveillante dissimule les monceaux de souvenirs et de cartes postales qui, dans chaque vitrine, appellent le voyageur.

Cependant le climat, si favorable à Carcassonne, nous a empêchés de visiter Narbonne et Béziers, et nous a implacablement chassés vers Nîmes, où il nous a offert, le lendemain matin, une de ces radieuses journées que le Midi fait naître de ses propres déluges. C'était enfin la Provence, sèche, classique, aux contours nets, avec un ciel de marbre bleu, des collines rouges et basses couvertes d'oliviers, des creux pierreux où coule un mince filet d'eau, et un soleil rehaussant d'or les pures colonnes de la Maison carrée.

Parmi les villes grecques de la Méditerranée, aucune n'est aussi grecque, ou, pour être plus précis, aussi gréco-romaine que Nîmes. Aucune autre cité de l'ancienne Gaule ne semble s'être mise si complètement en harmonie avec son riche noyau de « vestiges », en éliminant ou omettant les monuments d'autres périodes, et en se contentant d'assujettir son développement ultérieur à la présence du temple et de l'amphithéâtre. C'était fort bien pour Arles de se lancer dans son aventure romane, et pour Reims de se couronner d'une gloire gothique; mais avec les lignes tranquilles de la Maison carrée et du Nymphée, le jaillissement rythmique des arcades de l'arène, exerçant leur influence majeure, et surtout avec l'écrasante grandeur du pont du Gard en arrière-plan, comment Nîmes, bien plus profondément liée au passé, aurait-elle pu faire autrement que de se constituer en gardienne des grands souvenirs ? Le pont du Gard seul aurait suffi à reléguer n'importe quelle ville à un état de soumission ancillaire. Sa proximité est aussi dominatrice que celle d'une haute montagne, et c'est, avec le mont Ventoux, l'objet le plus sublime de Provence. La solitude de son site, les contours austères du paysage environnant lui donnent, autant qu'au moment de sa construction, l'air d'être à l'extrême pointe de la civilisation ; et son long défilé d'arches semble se lancer à jamais dans les terres sauvages sur le rythme de pas redoutable des légions romaines.

Par un de ces charmants contrastes des voyages en France, on peut revenir de ce pèlerinage classique en passant par la ville médiévale d'Uzès ; et comme si de pareilles oppositions n'étaient pas assez fructueuses, on peut s'arrêter en chemin pour sourire du fantasque château d'Argilliers, « folie » du XVIIIe siècle à moitié en ruine, avec son mélange anachronique de kiosques, d'arcades, de pagode, de chapelle en forme de temple romain, et d'un jardin de buis à l'abandon, hanté par des paons.

Uzès elle-même, ville en pente groupée autour du donjon ducal des Crussol, possède une majestueuse terrasse dominant la vallée, et quelques belles demeures du XVIIIe siècle, dans des rues misérables insuffisamment balayées ;

mais sa principale caractéristique est évidemment le château qui, planté bien en sécurité au centre de la ville, élève sa tour centrale au-dessus d'un beau fatras féodal de maçonneries annexes.

De Nîmes jusqu'à la Méditerranée, les impressions se bousculent trop fortement. D'abord le Rhône, avec les châteaux de Beaucaire et de Tarascon se défiant l'un l'autre de part et d'autre de ses flots jaunes, Beaucaire à partir d'une falaise abrupte, Tarascon au bord même du fleuve ; puis, après une courte traversée de vignobles et d'oliveraies, la jolie ville feuillue de Saint-Rémy à la frange des Alpilles ; et à deux kilomètres au sud de Saint-Rémy, sur la bordure crayeuse de cette basse chaîne de montagnes, les deux monuments subsistant de la cité romaine de Glanum. Ils sont situés côte à côte, le cénotaphe et l'arc de triomphe, dans un espace circulaire et herbu entouré d'oliviers et fermé par des pics délicatement érodés : aucune autre présence de vestige romain pour les relier au passé. Est-ce leur singulière beauté, se demande-t-on, qui les a sauvés : qui a retenu les Visigoths d'y porter la main, alors qu'ils effaçaient toute trace de villes populeuses en pierre de taille, avec leurs aqueducs, leurs murailles et leurs temples ? En voyant ces deux édifices ainsi isolés sous un ciel radieux et vide, on est sûrement tenté de s'écrier qu'ils pourraient bien avoir intimidé même la violence barbare, et que plus jamais ensuite le robuste tronc romain n'a porté de telles pousses de grâce et de légèreté. C'est comme si, à partir de ce sol provençal chargé, une poussière de Grèce avait pénétré la tige latine, en clarifiant un peu sa sève épaisse ; cependant, c'est justement parce que ces monuments demeurent si solidement romains qu'apparaissent si nettement leur grâce et leur légèreté.

Ce pays des Alpilles, entre le Rhône et la Durance, est d'ailleurs ce qu'il y a de plus grec à l'ouest de la Grèce ; suprêmement provençal dans chaque ligne tranchante de ses hauteurs, couvert d'un manteau épars et classique d'oliviers, de myrtes et de cistes, il fait comprendre pourquoi les colons grecs se sont sentis chez eux sur ces rivages ultimes, et pourquoi les conquérants romains s'y sont soumis aux influences attiques.

Passant vers le sud-est à partir de Saint-Rémy, on parvient, à travers un paysage qui s'élargit, à la vieille cité de Salon, où Nostradamus est inhumé, et de là, par une route sinueuse parmi les collines, à la vaste vallée où Aix-en-Provence se trouve encerclée de montagnes.

Pour une ville aussi noblement située, elle paraît, à la première approche, un peu banale et insignifiante ; le regard, tombant sur elle depuis les hauteurs, cherche en vain un profil semblable à celui de Clermont ou de Périgueux. Aix, de ce point de vue, demeure inadaptée ; cependant, explorée de plus près, elle se présente comme une escale charmante, ancienne et fanée, teintée de souvenirs juridiques et universitaires, riche d'une belle double rangées d'*hôtels** sculptés avec leurs balcons le long d'un *cours** feuillu, et de nombreux trésors répartis dans ses rues tortueuses.

Parmi ces trésors, les deux principaux, le tableau du *Buisson ardent** dans la cathédrale et les tapisseries des Gobelins dans le palais archiépiscopal voisin, appartiennent à des écoles tellement séparées qu'elles peuvent presque être considérées comme représentant les points extrêmes entre lesquels l'art français a vibré. Il est par conséquent d'autant plus intéressant de noter que tous deux ont un caractère intrinsèquement et éminemment décoratif, le triptyque sacré et les tapisseries frivoles obéissant à la même loi d'équilibre rigoureux des lignes et des couleurs. La grande image du *Buisson ardent* est sans doute, à l'exception de la Vierge de Moulins, la plus fine fleur de la première école française de peinture, qui fut si mal connue ou considérée que, jusqu'à la récente exposition parisienne des « Primitifs », nombre de ses chefs-d'œuvre étaient complaisamment attribués à des peintres italiens. Accroché au milieu de la nef, où une lumière dorée le frappe quand le sacristain ouvre en grand les splendides portes sculptées de la façade ouest, ce triptyque de Nicolas Froment se déploie comme une grande fleur à trois pétales, chacun brûlant d'une riche limpidité de couleur qui déborde de la Rose Mystique du panneau central vers les pâles et pieux visages des donateurs royaux sur les ailes.

La cathédrale possède aussi ses tapisseries, issues des tissages de Bruxelles, attribuées à Quentin Metsys, et couvrant le chœur d'une représentation complexe de scènes de la vie du Christ, où le gris-vert mélancolique des feuilles d'automne se mêle à de précieuses et profondes flaques de couleur. Mais ce sont des importations accidentelles d'un autre monde, tandis que la fameuse série de *Don Quichotte*, dans le palais archiépiscopal, représente l'instant culminant de l'art décoratif français.

Elles donnent peut-être avant tout l'impression, ces compositions roses et *chatoyantes**, où des dames aux corsets délacés se préparent avec grâce à être « surprises », d'être un commentaire instructif sur les mœurs ecclésiastiques vers la fin du XVIIIe siècle ; puis on se livre à une appréciation abstraite de l'harmonie de leurs teintes et de l'équilibre de leurs lignes, à une perception ravie de leur manière d'éviter la simple imitation de la peinture (contrairement aux tapisseries plus tardives), et comment elles restent emprisonnées (mais si librement !) dans ce monde textile de fantaisie qui a sa propre flore et sa propre faune, ses propres lois des couleurs et de la perspective, et ses anachronismes plus que shakespeariens dans les costumes et dans l'architecture.

D'Aix jusqu'à la Méditerranée, la grand-route du Sud-Est traverse un paysage au charme sans cesse croissant. À l'est d'Aix, le pic aride de la montagne Sainte-Victoire domine la vallée fertile durant de longs kilomètres. Puis le massif de la Sainte-Baume, lieu d'ermitage, déploie vers le sud ses flancs boisés longés par la route qui monte jusqu'au plateau où la ville de Saint-Maximin se groupe autour de sa basilique dominicaine inachevée, remarquable exemple de gothique nordique égaré dans le cadre classique de la Provence.

Saint-Maximin doit son existence, ou du moins l'existence d'une si importante église, aux ossements de sainte Marie-Madeleine, dont les reliques supposées étaient précédemment vénérées dans la basilique bourguignonne de Vézelay, mais qui furent, au XIIIe siècle, formellement identifiées parmi les trésors de la ville provençale. Étant donné que cette sainte pénitente est censée avoir passé les dernières années de sa vie dans une grotte sur les hauteurs de la Sainte-Baume, il paraît plus convenable qu'elle puisse maintenant reposer dans leurs parages, plutôt que sur le lointain rocher du Morvan ; et l'on se réjouit que son culte se soit établi assez tôt pour produire l'anomalie pittoresque de ce beau fragment d'art nordique planté sur les versants antiques des Alpes maritimes.

Ce grand édifice gothique ne fut jamais terminé, ni à l'intérieur ni à l'extérieur ; mais, au XVIIe siècle, un regain de dévotion à sainte Marie-Madeleine fit que le chœur fut orné d'un magnifique *revêtement** de bois sculpté, sous la forme de quatre-vingt-douze stalles, racontant dans leurs médaillons ciselés l'histoire de l'ordre des dominicains, et menant à un somptueux maître-autel dans le style du Bernin, tout de jaspe, de porphyre, et d'une explosion de rayons d'or.

Saint-Maximin se situe très à l'écart au milieu de champs arides et de montagnes encore plus arides, mais montre encore d'intéressantes traces de son activité et de son importance anciennes. Un robuste vieux monastère étend près de la basilique sa longue rangée de fenêtres à ogives, et çà et là un vigoureux morceau de maçonnerie vétuste jaillit dans les rues, en particulier parmi les arcades tentaculaires du quartier juif, et puis en certains endroits où des fragments de muraille attestent que ce village de montagne était jadis une cité médiévale fortement défendue.

Après Saint-Maximin, la *route nationale** nous emporte vers Nice à travers les montagnes ; mais à Brignoles, ville d'ancien renom, résidence d'hiver des comtes de Provence, on peut se diriger vers le sud, par La Roquebrussanne et la chartreuse de Montrieux (où le frère de Pétrarque fut abbé), jusqu'à la radieuse vallée du Gapeau, dont les berges sont déjà blanches de fleurs de cerisier, pour enfin aboutir, à Hyères, sur la pleine gloire du printemps méditerranéen.

Le premier sentiment est que rien n'est comparable : aucun ouvrage humain, aucune accumulation d'histoire ne saurait un seul moment prodiguer autant de joie pour l'œil. L'étendue de côte entre Toulon et Saint-Tropez, beaucoup moins familière au visiteur nordique que la partie orientale de la Riviera, a une noblesse particulière, une ampleur virgilienne dans les proportions, en net contraste avec les roches rouges et abruptes du rivage qui suit. En la contemplant du haut des pinèdes de Costebelle, au-dessus de Hyères, on est assiégé de souvenirs antiques, d'analogies avec l'Âge d'Or, tant la plaine verdoyante s'étend divinement vers la mer, entre des lignes montagneuses d'une pureté tout attique.

Après des semaines chargées de sensations historiques et archéologiques, on est tenté, devant les sortilèges d'un tel paysage, de s'abandonner à une infinie oisiveté. C'est la saison où le printemps éclate à travers la verdure persistante de la Riviera en un millier de couleurs tendres, vert pâle des cultures, blanc neigeux des arbres en fleurs, et rouge flamboyant des tulipes sous la brume argentée des oliveraies. Dans les hauteurs, parmi les chênes-lièges, les villages blottis autour de leur donjon féodal clignotent des yeux, au-delà des pinèdes, en direction des éblouissantes échancrures bleu et pourpre du rivage. Et entre les collines s'étendent de douces vallées, avec des champs de roses, des arpents de vignes bourgeonnantes, des prairies semées de narcisses, et de frais ruisseaux dévalant de forêts de châtaigniers, au bas des sommets gris et nus. Là-haut se trouvent des ermitages isolés, vestiges en ruine d'anciens monastères, chartreux et bénédictins ; mais aucun grand nom ne s'attache à ces sanctuaires éboulés, et les petites villes alentour n'ont aucun lien avec les principaux courants de l'histoire. Il s'agit d'eaux tranquilles, imprégnées de traditions locales, où flottent de petits fragments de souvenirs et de légendes ; car ici l'histoire et l'art semblent s'être tenus à l'écart, comme de quelque région élyséenne, trop calme, trop achevée, pour être rudement atteinte par de grandes questions.

C'est le mistral qui nous a chassés de ce havre, l'empoisonnant de poussière et de fureur, et nous poussant à chercher refuge au nord des Alpes maritimes. Là, dans un air plus clément et par une radieuse matinée, nous avons laissé Aix derrière nous et avons suivi la Durance jusqu'à Avignon. Approchant par l'est la cité papale, on peut en recevoir une impression mémorable en longeant par l'extérieur ses remparts, vers la porte de l'Oulle, qui donne sur la place Crillon, juste en dessous du rocher du palais. Vue ainsi du dehors, Avignon paraît semblable à un modèle réduit de cité médiévale ; et ce sentiment d'achèvement artificiel se renouvelle quand, posté sur la terrasse devant le palais, on contemple la vallée du Rhône enclose dans son amphithéâtre de montagnes. Dans la légèreté de l'air provençal, qui donne une précision finement crayonnée aux objets les plus lointains, le paysage revêt un caractère extraordinairement topographique, détaillant avec une minutie préraphaélite ses ruines aux angles aigus, son pont à tourelles, ses petites villes emmurées sur des points précis des rochers. Le fleuve serpentant au premier plan trace ses méandres jaunes entre de minces rideaux de peupliers et d'abruptes falaises calcaires ; et même les collines les plus éloignées ont la claire silhouette des pics bleutés dans les miniatures médiévales, l'épaule du mont Ventoux, au nord, se dressant au-dessus d'elles avec la fermeté d'un marbre antique.

Cette acuité méridionale des angles donne un caractère exotique et transalpin même à la masse de l'église et du palais, et fait de la longue domination papale sur Avignon, qui a duré, si l'on s'en souvient bien, jusqu'au soulèvement général de 1790, une réalité visible et intelligible. Bien que les papes d'Avignon fussent français, leur palais même est indubitablement, presque inexplicablement, italien : son style gothique évoque vaguement celui du Ponte Sant'Angelo, des arches et des tombes fortifiées de la Rome médiévale, et se réconcilie avec le XVIIe siècle de la façade fleurie de l'Hôtel des Monnaies, juste en face, aussi aisément qu'avec les délicats et sobres détails du portail occidental de Notre-Dame des Doms, tout à côté.

Rome, mais la Rome impériale et non papale, a encore flotté dans l'air quand nous avons quitté Avignon et suivi le Rhône vers le nord, en direction d'Orange. Toute cette région de la France est imprégnée d'histoire, et dans l'antique principauté d'Orange les couches sont si profondément entassées qu'on s'étonne de voir si peu de traces des dominations successives dans l'aspect extérieur de sa capitale. Seule la Rome impériale a laissé une empreinte sur cette ville qui a singulièrement et vigoureusement mené sa vie, depuis l'époque où c'était une cité gauloise et un comptoir de commerce des Massaliotes grecs, et qui, lorsqu'elle est devenue trop petite pour son peuple aventureux, a envoyé des conquérants sur les deux rives de la mer du Nord ; et le fait que le théâtre et l'arc de triomphe demeurent, tandis que l'Orange des évêques carolingiens et des princes médiévaux a été pratiquement balayée, et que même la grande forteresse de XVIIe siècle de Maurice de Nassau a été rasée, cette permanence des monuments romains, inébranlables dans les tourmentes de près d'un millier d'années, donne une image tangible de la manière dont l'esprit impérial a persisté à travers les fluctuations de l'histoire.

Apprendre que ces mêmes monuments ont été consacrés à de bas usages par les princes-évêques barbares, que l'arc de triomphe a été converti en un château de l'Arc fortifié, que le théâtre a servi de carrière pour la construction de la forteresse, tout cela rend plus impressionnante encore leur splendeur mutilée ; et l'on est intimidé en se figurant, à partir de pareils fragments, l'aspect que pouvait avoir l'ensemble.

Entre autres, le théâtre, désormais pratiquement dépouillé de ses ornements, ne produit de l'effet que par ses dimensions, et par la magnifique pente de ses lignes convergentes ; mais le grand arc d'un brun doré, se dressant seul sur une vaste place herbeuse, présente sur trois côtés un masque corinthien de colonnes et de corniches, et un riche relief de fruits et de guirlandes de fleurs, de sirènes, de trophées et de scènes de bataille. Toute cette décoration est typiquement romaine, vigoureusement sculptée et répartie en quelque sorte sans grande discrimination. On cherche en vain les ornementations sensibles de l'arc de Glanum, où l'œil pénétrant de Mérimée a vu un germe du futur style gothique : les sculptures d'Orange suivent les lignes conventionnelles de leur époque, sans manifester le moindre désir de formes nouvelles. Mais cette absence même d'élan imaginatif les rend romaines et impériales jusqu'à la moelle.

En face de nous, tout au long du chemin d'Avignon à Orange, le mont Ventoux se dressait dans la pure lumière de ses flancs dénudés et de son sommet ridé, d'un mauve argenté. Mais à Orange nous l'avons contourné pour nous diriger vers le nord-est, à travers une campagne accidentée encadrée de collines, en passant par Tulette, siège d'une fondation clunisienne, dont le grand Julien de la Rovere, futur pape Jules II, fut prince et prieur ; et puis par Valréas, qui sous les papes d'Avignon devint la capitale du Comtat Venaissin, domaine papal en France.

Comme de trop nombreuses villes anciennes

dans cette partie de la France, Valréas, jadis place forte, a laissé tomber en ruine son château, et a abattu ses tours et ses remparts pour faire place à des boulevards, comme si elle était impatiente d'effacer toute trace de son passé chargé. Cependant, il reste une de ces traces, plus proche, et d'un caractère plus intime : l'hôtel de Simiane, à présent *hôtel de ville**, mais autrefois demeure de ce marquis de Simiane qui a épousé Pauline de Grignan, petite-fille de Mme de Sévigné.

C'est le premier signe nous indiquant que nous sommes dans les environs de Grignan, et que bientôt un virage de la route nous mettra en pleine vue de ce château haut perché où le grand lieutenant-gouverneur de Provence, gendre de Mme de Sévigné, offrait une hospitalité presque royale et dirigeait sa région avec une arrogance plus que royale.

Le comte de Grignan passait pour un homme fier, et il y avait vraiment de quoi tirer fierté du site et de l'aspect de son château ancestral, *ce château royal de Grignan**. Si l'Italie, et l'Italie des papes, se présente à l'esprit au moindre tournant de la route d'Avignon à Tulette, elle paraît se dresser concrètement devant nos yeux, quand ce grand vestige, surgissant soudain sur sa falaise au-dessus de la plaine, nous inspire une comparaison qui n'est pas trop audacieuse avec le palais Farnèse de Caprarola. En France, du moins, il n'existe peut-être rien d'aussi évocateur des demeures de plaisir fortifiées d'Italie que ce valeureux château au sommet de son rocher, avec la ville entassée à ses pieds et, devant sa façade, une vaste terrasse constituant en fait la toiture de son église. Car la vue à partir de cette terrasse offre, comme à Caprarola, un aspect d'espace illimité où le soleil coule à flots entre de nobles formes montagneuses, le mont Ventoux au sud et les sommets de l'Ardèche à l'ouest.

Les Adhémar, d'ancienne lignée, faits comtes de Grignan par Henri II, s'étaient depuis longtemps établis sur leur piédestal rocheux, quand ils bâtirent, au XVIe siècle, la magnifique façade dont seules subsistent intactes les tours d'angle. Plus tard, ils ajoutèrent la grande galerie bordée de portraits en pied des Adhémar, et sous Louis XIV Mansart édifia ce qui est connu sous le nom de *façade des prélats**, et qui, à en juger par ce qu'il en demeure, ne devait céder en majesté à aucune des portions précédentes du château. De ce côté-là, une superbe double volée de marches descend vers un jardin orné de fontaines et de statues ; et au-delà s'étend la vaste terrasse de pierre qui forme la toiture de l'église collégiale, et se poursuit par un *chemin de ronde** couronnant les hauts remparts au sommet du rocher.

Cet édifice princier conserva sa splendeur inaltérée durant soixante années après l'extinction de la maison des Adhémar, quand, en 1732, le petit-fils de Mme de Sévigné mourut diminué et ruiné. Mais lorsque éclata la Révolution, les anciens procédés du comte de Grignan avec la population, dettes impayées, prêts extorqués, vies obscures englouties par les splendeurs voraces du rocher, dont on peut lire les récits dans divers registres de famille, tout cela revint sans doute en mémoire, pour aggraver la fureur de l'assaut qui fit du palais des Adhémar une ruine noircie. S'il y a en France peu d'endroits qui fassent aussi profondément regretter les saccages insensés de la période révolutionnaire, il y en a peu, également, à bien y réfléchir, qui fassent si nettement comprendre pourquoi les canons se sont tournés contre les châteaux.

Le gendre de Mme de Sévigné était le plus excessif, étant le plus distingué de sa lignée ; et ce fut en lui que culminèrent les magnificences et les désastres de la famille. Mais probablement aucune vision du Jugement dernier ne tourmenta la femme charmante, victime d'une passion maternelle, qui passa ses dernières années assez mélancoliques dans l'isolement semi-royal de Grignan. Seul La Bruyère, à cette époque, semble avoir remarqué ces « animaux farouches, des mâles et des femelles, répandus par la campagne, noirs, livides, et tout brûlés du soleil, attachés à la terre qu'ils fouillent et qu'ils remuent avec une opiniâtreté invincible ; [...] et, quand ils se lèvent sur leurs pieds, *ils montrent une face humaine* ». Certainement, on ne devait guère les apercevoir, besognant si loin en bas, du haut de cette fière terrasse des Adhémar qui avait l'église pour tabouret. Et ils étaient sûrement encore moins visibles aux yeux, tellement pénétrants en d'autres domaines, de la dame dont le regard, quand il n'était pas fixé sur le visage de sa fille, restait passionnément orienté vers la barrière nord des montagnes, et vers la route qui les traversait en direction de Paris. Paris ! Même aujourd'hui Grignan en paraît fort éloigné ; mais quelle Ultima Thulé, quelle terre de nuit sociale, Grignan a dû être au temps où le lourd carrosse de voyage de Mme de Sévigné avait à cahoter sur trois cents lieues de chemins défoncés pour parvenir aux portes de l'hôtel Carnavalet ! Il lui fallait souffrir Grignan par adoration pour sa fille, s'accommoder, autant que possible, des balourdises d'une noblesse provinciale, et s'en consoler en raillant avec esprit les prétentions de la société aixoise ; mais c'était un exil, somme toute, et les salles délabrées du château, le long circuit du *chemin de ronde**, sont hantées de l'ombre mélancolique de la pauvre dame qui vantait « les figues blanches et sucrées, les muscats comme des grains d'ambre, ces perdreaux nourris de thym, de marjolaine, et de tout ce qui fait le parfum de nos sachets », mais qui parvenait au sommet de l'éloquence quand, avec des doigts raidis et une plume tremblante, elle décrivait un inconcevable froid de février, les « épouvantables beautés » de l'hiver, les fureurs du Rhône déchaîné, et « ces montagnes *charmantes dans leur excès d'horreur* ».

IV

Du Rhône à la Seine

De Montélimar à Lyon la « grand-route du nord » suit presque continûment la rive gauche du Rhône, en regard des ruines féodales plantées sur les falaises opposées. Les vifs méandres du fleuve et les contours fantastiques de ces rochers couronnés de châteaux, derrière lesquels sont suspendues les lignes bleutées des Cévennes, composent un premier plan qui évoque les teintes blêmes et les masses abruptes des tableaux de Patinier, cet étrange peintre flamand dont les paysages calcaires et fantomatiques sont réputés avoir été les premiers où la nature a été représentée par pur goût de la nature. Pour tous ces subtils éléments de la beauté, autant que pour la puissance des suggestions historiques, cette région du Rhône surpasse de loin celle du Rhin ; mais, comme beaucoup des plus belles parties de la France, elle a un caractère altier, une réserve presque classique, qui la défend des percées de la foule.

À mi-chemin de Lyon, Valence, capitale du

Valentinois de César Borgia, se dresse au-dessus du fleuve, placée, sur l'autre rive, en face d'une falaise sauvage portant le bastion en ruine de Crussol, berceau de la maison d'Uzès. La petite cathédrale romane de Saint-Apollinaire, chichement ornée de la légère arcade extérieure de sa nef, est située sur une terrasse ouverte dominant le Rhône. Tout aussi sobre, mais moins patinée, à l'intérieur, elle offre seulement, hormis le monument de Pie VI, qui y termina ses jours troublés, l'intérêt relativement abstrus de détails de construction typiques ; et le touriste à tendance impressionniste est susceptible de bientôt sortir sur la petite place au-delà de l'abside.

Là se dresse « Le Pendentif », curieux petit bâtiment voûté de la Renaissance, plein de caractère, même si sa destination d'origine semble être un sujet de débat archéologique. Comme de nombreux monuments de cette partie de la vallée du Rhône, il fut malheureusement construit en une pierre sur laquelle l'effet des intempéries suggère l'action concrète des « dents du Temps », tellement déchirée et mastiquée paraît la totalité de sa charmante matière. À l'origine, c'était sans doute la chapelle funéraire de la noble famille dont les armes sont discernables entre les animaux incongrus de ses sculptures érodées ; car une partie de son étrangeté tient au fait que les tympans de son style élégant et classique sont peuplés d'une rude faune romane qui, combinée à la couleur sombre et à la surface ravagée de la pierre, lui confère, par contraste avec l'église restaurée, un mystérieux aspect d'antiquité.

À quelques mètres de là, en bas d'une rue sombre et étroite, on trouve la même saveur de passé dans un de ces vestiges mineurs qui plongent l'observateur dans les institutions disparues bien plus profondément que ne le fait l'étude de leurs monuments officiels. C'est simplement une vieille demeure privée du début de la Renaissance, avec une cour sculptée exiguë, un escalier sinueux, et des salles et des couloirs voûtés en pierre d'une construction singulièrement robuste. Elle est encore, d'une manière bien appropriée, habitée par *une très vieille dame** qui a reculé tout au fond de sa solide coquille de pierre, de sorte que son amicale concierge a eu la liberté de nous conduire du rez-de-chaussée au grenier, nous donnant ainsi des aperçus de chambres sombres, avec un maigre et vénérable mobilier, et de cuisines et d'offices dallés, ornés de pots d'herbes et de cuivres astiqués, tout cela tellement saturé de concentration d'ancienne vie provinciale française que c'était comme porter à ses lèvres un verre de vin vieux ayant atteint le point exact de sa perfection.

Non loin de Valence, Tournon jaillit romantiquement d'un escarpement de la rive ouest, surmonté du château des ducs de Rohan Soubise; et la forte impression suivante se produit lorsque Vienne, la plus fière des villes du Rhône, dresse sa cathédrale flamboyante sur une vaste volée de marches au-dessus du fleuve. Le site de Vienne, et son long passé romain, nous prépare à des détails plus intéressants, que révèle un plus proche examen. Le temple romain, qui a pu jadis rivaliser avec la Maison carrée, fut au Moyen Âge (tel le temple de Syracuse) incorporé à une église chrétienne, et maintenant, extirpé sans vie de cette étreinte fatale, il se présente comme un bloc impersonnel de maçonnerie, dont tous les détails significatifs ont disparu. La cathédrale aussi a souffert de la même façon, mais pour d'autres raisons. Dans sa première époque, elle a été sauvagement mutilée par les huguenots, et depuis lors les intempéries, rongeant profondément ses pierres friables, ont opéré sur les fanfreluches et les atours compliqués de sa façade occidentale de tels dégâts que l'extérieur ne retient l'attention que par ses lignes majestueuses.

Durant tout l'après-midi, nous avions suivi le Rhône sous un ciel nuageux ; et lorsque nous avons traversé le fleuve à Vienne, les nuages se sont liquéfiés, et c'est sous un déluge que nous avons continué vers le nord. Notre journée avait été longue, avec sa grande parenthèse à Grignan, et un crépuscule pluvieux nous a bientôt enveloppés, oblitérant les derniers kilomètres d'approche de Lyon. Mais ce désagrément a provoqué sa propre compensation ; car, dans les ténèbres, nous avons pris un mauvais tournant, nous menant vers un faubourg sur les hauteurs de la rive droite, la ville se déployant au-dessous en un vaste réseau de lumières contre la colline sacrée de Fourvière. Lyon passe, je crois, pour la plus prosaïque des villes françaises; mais il est impossible de penser cela quand on descend vers elle dans la nuit, en voyant ses ponts majestueux relier ses quais, et le double bras des eaux refléter les millions de lumières des berges.

Il pleuvait encore lorsque nous avons repris la route le lendemain; mais les nuages se sont dissipés quand nous avons gravi les collines au-dessus de Lyon et nous avons eu derrière nous quelques beaux aperçus du Rhône avant que notre route ne se mette à traverser la morne plaine de la Bresse.

Donc repose, repose à jamais, ô couple princier!

Si l'on a en mémoire depuis l'enfance ce vers de Matthew Arnold, la meilleure façon, et hélas la plus définitive, d'en ensevelir le spectre charmant est de quitter la route de Dijon pour chercher l'église de Brou. Pour ce faire, on doit rouler durant deux ou trois heures à travers une de ces étendues plates typiques du centre de la France; et la première désillusion se produit quand Brou se révèle n'être rien de plus qu'un *faubourg** de la vieille capitale de la Bresse, s'étendant informe au milieu de pâturages illimités, et ne retenant l'attention que par l'extérieur de son église quelque peu hétérogène.

À partir de là, une route droite traverse des zones poussiéreuses jusqu'au mausolée de Marguerite d'Autriche, et le cœur du voyageur sentimental chavire en la parcourant. Alors se dresse au bord du chemin « le nouvel édifice », ayant l'air en effet aussi nouveau qu'il devait l'avoir quand la duchesse en deuil, sur son blanc palefroi, observait ses « sculpteurs flamands et doreurs lombards » à l'ouvrage ; ayant en fait l'air aussi gratté, poncé, savonné, que si sa rénovation était un exploit accompli chaque jour par « sept donzelles avec sept balais » sur les pouvoirs purificateurs de qui le morse de Lewis Carroll[1] a spéculé avec tant d'ingéniosité. L'évocation de Matthew Arnold ne prépare pas le lecteur à ce vernis anormal qui donne au monument l'aspect d'un jouet de celluloïd. Peut-être le processus de nettoyage n'avait-il pas commencé quand il l'a vu, mais l'a-t-il vraiment jamais vu ? Si c'est le cas, où diable a-t-il remarqué :

Les prairies montagnardes de Savoie
Au bord du torrent sous les pins.

Et comment a-t-il pu se figurer la duchesse Marguerite « dans les montagnes », alors qu'elle surveillait les travaux ? Ou bien les « paysans alpins », montant vers le sanctuaire achevé pour

1. Allusion au poème de Lewis Carroll « Le morse et le charpentier » (*De l'autre côté du miroir*).

y prier, ou encore le prêtre gravissant pour s'y rendre « un sentier montagnard » à partir des murailles de la ville, « en bas du col » ?

Est-ce que Bourg-en-Bresse est une ville emmurée, et ses faubourgs poussiéreux sont-ils un col ? Et, lorsque nous passons sous les nervures de la porte centrale, et que nous nous tenons sous la voûte de la nef, est-ce que nous entendons au-dessus de nos têtes « le vent qui siffle dans les pins des montagnes » ? Ce vent a dû accomplir un long voyage pour se faire entendre !

La pauvre lady Mary Wortley Montagu, tellement raillée pour des descriptions imaginaires de Lovere et du lac d'Iseo, peut sûrement être pardonnée d'avoir enjolivé les choses, d'avoir ajouté une touche de romanesque là où le romantisme était déjà si abondant ; mais il est moins facile de s'expliquer pourquoi le poète de l'église de Brou a pu garnir de pinèdes, de torrents et de montagnes la poussiéreuse plaine bressane. Peut-être (se dit le pèlerin) l'explication se trouve-t-elle à l'intérieur de l'église, et quand on se trouve placé dans la lumière magique du « grand vitrail occidental », on peut en effet croire entendre le sifflement du vent dans les pins, et comprendre pourquoi il a voyagé de si loin afin de parvenir aux oreilles du poète.

Dans cet espoir, nous sommes donc entrés ; mais seulement pour découvrir que le balai archéologique avait agi là aussi, et que la délicate face intérieure du sanctuaire était aussi brillante et récurée que l'extérieur. Eh bien ! affrontons cet autre désenchantement, et le petit dépit supplémentaire de devoir, pour pénétrer dans le chœur, acheter un billet à une ouvreuse aux tresses dorées, et fermer les yeux sur l'aspect sécularisé, *muséifié*, du monument, pour tenter de les ouvrir à une vision de ce qu'il a pu être avant d'être transformé en objet d'exposition.

Hélas ! même ce dernier effort, ce *bon mouvement** de l'imagination, ne parvient pas à restituer une atmosphère poétique dans l'église de Brou, à la placer dans une lumière autre que celle d'un « Albert Memorial » superlatif, où des dépenses immodérées ont prédominé sur les considérations esthétiques. Pourtant, il y a manifestement de l'injustice à accuser la duchesse Marguerite du manque de goût d'une *parvenue**. On devrait plutôt attribuer aux conditions particulières de l'époque et du lieu cette étouffante confusion d'ornementations, cet air d'être, selon la formule de Bacon, si terriblement « barbouillé d'argent dépensé », qui est à la fois le premier effet et la conclusion finale d'un examen de Brou. Même si Arnold a lâché les rênes de sa fantaisie en évoquant les conditions d'édification de ce monument, son énumération de « sculpteurs flamands, de doreurs lombards, de maçons allemands, de forgerons espagnols » qui ont contribué à son élaboration nous rappelle qu'une unité artistique ne pouvait guère résulter d'une association aussi hasardeuse de talents. C'était caractéristique de l'époque, du dernier bouillonnement hétérogène de la marmite gothique : le fait que cet étrange compagnonnage ne fût pas considéré comme un obstacle pour une œuvre d'art. On constate la même conséquence dans presque tous les monuments de cette période, spécialement là où l'influence hispano-hollandaise a ajouté une touche ultime de profusion, et de confusion. Comment un art poussé ainsi à l'extrême aurait-il pu aboutir à autre chose qu'à un chaos d'ornementation excessive ? Comment les lignes générales pouvaient-elles survivre à un tel déluge de détails ? L'église de Brou est d'autant plus navrante qu'elle est la production la plus dispendieuse de son époque. Le gothique expirant a changé ses contours aussi souvent que le dauphin mourant est supposé changer ses couleurs ; chaque ornement fait songer à une convulsion de la pierre.

Et sur tout cet excès décoratif, qui ne pouvait être corrigé que par la plus légère touche du ciseau, s'est posée la lourde main du sculpteur flamand. Est-il possible que la même phase du sentiment artistique ait produit les trois tombes de Brou et celles des ducs de Bourgogne à Dijon ? À Brou, les innombrables personnages secondaires, anges, *pleureurs** et le reste, sont modelés avec la facilité infaillible de l'art du pâtissier : ils représentent le plus bel accomplissement concevable en sucre et en blanc d'œuf. À Dijon, au contraire, chaque personnage affligé de l'arcade sous le tombeau du duc Philippe est un être vivant et sensible, un pleurant dont le chagrin trouve une expression individuelle. Y a-t-il rien dans l'art plastique qui représente si vivement la méditation médiévale passionnée sur la mort ? Chaque petite figure encapuchonnée ressent son affliction, son impression du *néant**, de sa propre façon. Certains en sont écrasés et laminés. L'un prie. Un autre, jeune homme serein, marche à l'écart la tête penchée sur son livre, l'ouvrage d'un stoïcien, suppose-t-on. Ainsi chacun, en quelques pouces de marbre, et dans le confinement de sa petite niche exiguë, caractérise un aspect particulier du sentiment de la mortalité, et surtout de sa solitude, de la manière dont on doit le supporter sans secours.

La pensée nous en vient, le lendemain, à Dijon, d'autant plus nettement par contraste avec les chagrins minaudiers de Brou. Les tombes des ducs de Bourgogne, si cruellement arrachées au demi-jour sanctifié de la Chartreuse, pour être exposées au froid éclairage d'une vitrine de musée, procurent, même dans cette lumière impersonnelle, un fort sentiment de personnalité. Les détails surchargés de l'époque, l'effort désorienté de ses frettes et de ses fleurons, ne peuvent obscurcir la pureté sérieuse de la conception centrale ; et l'on est conduit à conclure qu'une touche de libre émotion artistique peut en effet éclater à travers la plus solide armure de formules convenues.

On les voit, bien sûr, ces tombes ducales, dans un cadre qui est en quelque sorte le leur, car cette ville privilégiée, en plus d'autres traits remarquables, a pour musée un palais médiéval, et les chaussons de mailles des ducs gisants ont dû retentir sur les dalles de pierre de la salle des gardes où ils sont maintenant étendus. Mais il n'y a plus de garde dans cette grande salle dont ils ont cessé d'être les seigneurs ; et le dispositif de numéros et d'étiquettes, de cordons de velours et de barrières métalliques, se trouve partout dans leur palais démocratisé. Mais, cela est frappant, de même que les tombeaux ont conservé l'essentiel de leur valeur commémorative, le palais lui-même a cédé aussi peu que possible de son caractère privé aux empiètements du public ; il donne presque le sentiment, lorsqu'on passe d'une salle brillante à une autre, d'être la demeure d'un grand collectionneur qui vit encore parmi ses trésors.

Cette impression favorable est due en partie à la beauté du vieil édifice, et en partie au fait qu'il abrite plusieurs petites collections, vestiges de quelques *dilettanti* locaux, chacune étant rassemblée telle quelle, de sorte que de nombreuses salles exposent un charmant mélange de meubles anciens, de vieille porcelaine, et de petits tableaux discrets peints pour servir de décor de vie, et non pour qu'on les examine en levant les yeux d'un catalogue.

Les sensations d'heureuses coïncidences, d'accidents vraiment providentiels, qui rendent si vivant ce musée brillant et varié, persistent et s'approfondissent quand on en sort pour visiter la ville, ville étonnante qui semble résumer en elle-même presque chaque phase française de l'histoire et de l'art. Dans toute la fertile terre de France, il n'y a guère d'autre endroit où le passé s'épanouisse avec tant de force et de densité, où les anciennes pousses dressent des têtes aussi vigoureuses vers le soleil. La continuité de Dijon est aussi frappante que sa diversité et son individualité. Le vieux Dijon n'est pas un archipel de reliques dans un océan de maisons modernes : c'est comme un système vasculaire, groupant l'ensemble dans son réseau de veines palpitantes, et paraissant, non pas être maintenu en vie, mais entretenir la vie même de la cité.

C'est à cette synthèse vivace du passé qu'on revient, même après les plus fortes impressions isolées : après la somptuosité civique du palais de justice, l'élégance de l'hôtel de Vogüé, le mystérieux symbolisme de la rangée des gargouilles saillantes de Notre-Dame, acceptant de se fondre, avec tant d'autres, dans une tapisserie splendide et chargée, simple arrière-plan du drame continu de la vie ducale, impériale, parlementaire.

Le même aspect de richesse, d'expérience profondément assimilée, se présente quand on traverse la Bourgogne vers le nord, donnant au futile automobiliste, simple enregistreur de clichés de passage, un sentiment tellement anéantissant de son incapacité à rendre même superficiellement compte de ce qu'il voit, que vient un moment où il est tenté de chercher refuge dans une description du luxe ordinaire des auberges, même si, dans ce cas également, l'abondance de matière devient presque aussi difficile à traiter.

C'est pour cette raison, peut-être, qu'après une matinée dans les collines et les vallées du Morvan, en vue, presque continuellement, de cet étonnant canal de Bourgogne, avec ses longues lignes symétriques de peupliers, ses constructions massives, ses charmantes maisons d'éclusiers, se répétant comme les états successifs d'un dessin délicat, qu'après, donc, un tel matin, j'ai cherché, et semblé trouver, la culmination de l'étonnement dans la salle à manger crasseuse de l'*auberge** de Précy-sous-Thil, où nous avons déjeuné. Mais était-ce même une *auberge**, n'était-ce pas plutôt une *gargote**, cette salle de bar semée de sciure et sentant l'oignon, avec des soldats et des rouliers assemblés joyeusement autour de leur *petit vin bleu**, tandis qu'une serveuse rougeaude, en succession d'allers et retours en cuisine, posait devant nous une série de plats les plus élaborés, le plus tendre filet, les *pommes soufflées** les plus aériennes, les artichauts les plus dodus, qui ont jamais garni le buffet d'un restaurant parisien ? Cela correspondait, en tout cas, au type de lieu où, dans tout pays anglo-saxon, on aurait trouvé la clientèle aussi dissuasive que la nourriture, chacune fournissant une raison de fuir l'autre aussi vite que possible.

Et donc Précy-sous-Thil peut figurer comme modeste symbole de l'extrême aménité de ce cœur moelleux de la civilisation française, d'autant plus mémorable pour un groupe de voyageurs affamés qu'il formait, en même temps, l'étape finale avant leur pèlerinage à Vézelay.

Cette pensée, en fait, nous a distraits de la pleine dégustation du filet, et nous a arrachés au café parfumé que la serveuse pantelante a porté derrière nous jusqu'à l'automobile ; car plus de la moitié de la courte journée d'avril s'était écoulée, et nous avions encore, entre Vézelay et nous, deux heures de route abrupte de collines et de vallons.

Le reste du chemin nous a fait traverser une région si romantiquement accidentée, tellement plantée de robustes vieux villages perchés haut sur des escarpements ou nichés dans des défilés, que, si nos pensées n'avaient pas toutes été tournées vers notre destination, chaque morceau de notre trajet nous aurait laissé une impression particulière. Mais, en route pour Vézelay, que peut-on voir, sinon Vézelay ? Rien d'autre, sûrement, ne pouvait autant retenir notre attention que le site hautain de la ville d'Avallon, à mi-chemin, pour une heure merveilleuse.

Notre temps limité et les multiples charmes de cette ville ancienne, si superbement ancrée au-dessus de la vallée du Cousin, nous ont presque incités à différer Vézelay et à finir notre journée de voyage à l'hôtel du Chapeau Rouge. Mais dans la douceur de l'air, et sur la ligne extrême du ciel radieux, il y avait une menace de pluie, et alors le désir de voir la grande abbaye bénédictine dans le crépuscule que promettait cet après-midi a été plus puissant que les attraits d'Avallon. Par conséquent, nous en sommes partis (avec la ferme intention d'y revenir) en emportant seulement l'impression générale d'une ville emmurée se détachant sur un arrière-plan frappant de falaises et de bois, et de la vignette colorée d'une petite place déserte où de vieilles maisons incroyablement pittoresques se groupaient selon des angles scéniques autour de la façade sculptée de l'église Saint-Lazare.

D'Avallon à Vézelay, la route serpente vers l'ouest, entre les berges verdoyantes du Cousin, traverse la ville de Pontaubert, avec son ancienne église des templiers, franchit le pont sur la Cure, et pénètre enfin dans la vallée dominée par la colline conique de Vézelay. Durant toute la journée l'image de la basilique bénédictine nous avait hantés à chaque tournant, et quand enfin nous avons aperçu ses tours et ses contreforts puissamment accrochés à la roche, audessus des toits et des murs de la ville abbatiale, nous avons éprouvé l'impact d'une grande sensation, car la réalité était plus noble que ce que nous en avions imaginé.

La simple apparence de Vézelay à partir de la vallée, abstraction faite du flot d'idées qu'elle libère, produit l'effet immédiat d'un de ces parfaits accomplissements en lesquels l'art et la nature s'interprètent et se complètent l'un l'autre. L'église se dresse exactement là où un tel édifice doit le faire, avec l'aspect que doit avoir un monument digne d'un site pareil. Le paysage alentour possède ce mélange de sérénité et de rudesse qu'expriment ses proportions, et ses contours surgissent du sommet de la colline sans rupture entre l'harmonie structurelle des deux.

Avant d'accomplir l'ascension afin de comparer les impressions de détail avec le premier effet, on est retenu par le village de Saint-Père-sous-Vézelay, qui s'étend juste au pied de la route montant vers l'abbaye. Là, d'un tas de maisons sordides, et dans des exhalaisons suffocantes de basse-cour, jaillit la douce et vieille église patinée de Notre-Dame, moins ancienne que l'abbaye qui la domine, mais couturée et maculée par le temps. D'après les broderies de pierre de son triple porche et de son narthex gracieux et fantasque, elle pourrait passer, à première vue, pour un spécimen parmi les moins modérés de gothique flamboyant ; mais si l'on prend suffisamment de recul pour contempler ses contours, on découvre que la façade et la tour se trouvent être de délicieux exemples de la transition du XIIIe siècle. La tour, en particulier, avec la légèreté de ses niches ou arcades, et ses anges minces qui sonnent si curieusement dans des trompettes tels des contreforts à ses angles, paraît, ainsi que l'a déjà noté un voyageur perspicace, plus italienne que bourguignonne, même si, pour trouver sa semblable en Italie, il faut la chercher, non pas dans les campaniles réels, mais dans les arrière-plan des tableaux primitifs toscans, où, sur un ciel à la feuille d'or, de pareils hérauts angéliques soufflent leur appel au-dessus du chaume de la crèche.

Après cette vision mystique de Notre-Dame de Saint-Père, c'est presque retomber dans la prose que de gravir la colline de Vézelay pour se trouver en face de la basilique de Sainte-Marie-Madeleine ; ou plutôt, c'est comme quitter les ravissements de Joachim de Flore ou d'Hugues de Saint-Victor, pour se tourner vers la dialectique serrée de saint Thomas d'Aquin. On pourrait en effet lier cette vaste création de la foi médiévale au grand système doctrinal dont elle est issue, tant elle semble être une structure puissante, dense et complexe, parfaitement étudiée, équilibrée, et mathématiquement exacte.

Elle a vu, cette grande église, dans son près d'un millier d'années d'existence, des spectacles tellement splendides et mémorables qu'elle paraît d'abord servir de simple décor pour ces souvenirs, pour les personnages de saint Bernard et de Thomas Becket, de Philippe Auguste et de Richard Cœur de Lion, avec leurs suites interminables de dignitaires cléricaux et séculiers, moines, nobles, docteurs de l'Église, et toute la bande sauvage et passionnée des deuxième et troisième croisades. En avoir tant vu, et se tenir à présent tellement à l'écart de la vie ! On réfléchit sur le sort plus heureux de ces autres grandes églises de conception laïque, les cathédrales françaises, dont le cœur palpite depuis de si nombreux siècles, à travers tant d'alternances sociales et politiques.

La situation de la basilique de Vézelay caractérise sa plus profonde solitude. Elle se dresse seule au sommet de la colline, séparée de la ville, en bas, par une vaste place dallée. Derrière l'abside, où se trouvent les bâtiments monastiques, une pente herbue et ombragée simule l'intimité d'un enclos anglais ; et de tous côtés se déploient les lointains bleutés du Morvan. Ce site hautain et détaché confère une singulière majesté à l'édifice, et procure sans aucun doute le sentiment qu'il n'existe rien de semblable dans toute l'architecture ecclésiastique, rien où la force passive du style ancien se mêle aussi subtilement à la grâce jaillissante du nouveau. C'est ce dernier qu'on découvre d'abord, dans le narthex à deux niveaux, église en soi, qui précède les magnifiques arches rondes des portails du bâtiment intérieur. C'est à partir du seuil de ce narthex que, contemplant ses hautes proportions, et puis, à travers la triple entrée, la vaste et sévère perspective de la nef romane, on perçoit avec le plus d'acuité comment les deux styles, dans cet incomparable édifice, ont été travaillés en un accord qui démontre leur continuité essentielle. Dans la nef même, une fois fermées les portes du narthex, on reçoit une impression autre et plus subtile ; car ici on a la sensation de surprendre le moment réel de la transition, de voir, comme nulle part ailleurs, les ailes repliées du gothique remuer sous les formes plus anciennes.

Plus encore que ses riches et mystérieuses sculptures, bien plus que l'orgueil de ses dimensions majestueuses, cet indicible *frémissement** des vieilles lignes romanes statiques nous marque comme la note spécifique de Vézelay : lui donnant, en dépit de son long abandon, en dépit de cet aspect mort et figé produit par une restauration irréfléchie, une palpitation de vitalité interne, et cette promesse « d'étranges avenirs, beaux et jeunes », telles que seul en possède le plus grand art.

Le long crépuscule de printemps emplissait le ciel quand nous avons quitté Vézelay pour nous mettre à serpenter dans la vallée de la Cure jusqu'à Auxerre. La journée avait été trop riche d'impressions pour que nous éprouvions davantage qu'un profond sentiment de charmants changements le long des méandres de la rivière, parmi des prairies plantées de peupliers, près de falaises crayeuses et de villages posés sur les hauteurs. Mais au milieu de ces sensations fugitives subsiste le vif souvenir d'un blanc viaduc de chemin de fer, si légèrement mais sûrement lancé à travers la vallée que, dans la brume dorée du soleil couchant, il faisait songer à l'un de ces ponts oniriques de Turner qui semblent enjamber la Vallée de Tempé : exemple notable de l'art presque invariable avec lequel, dans l'ingénierie française, l'arche est encore employée. Après cela, le trajet est devenu indistinct, et la nuit était tombée quand nous sommes entrés dans Auxerre, cherchant notre chemin à travers un faubourg mal éclairé, tout en voyant les lumières de la ville se multiplier dans les eaux tranquilles de l'Yonne, et y parvenant enfin par un pont qui mène directement dans la montée de la rue centrale.

Auxerre, le lendemain, même à travers la pluie aveugle qui a si ponctuellement corroboré nos prévisions, s'est révélée être une de ces vieilles villes de France caractéristiques, à la trame serrée, aussi pleine de vivacité et de personnalité que certains visages français. Finement massée au-dessus de la rivière, en un empilement qui culmine avec les tours de la cathédrale et la flèche détachée de l'abbaye Saint-Germain, elle confirme, et même surpasse, vue de près, la promesse de son aspect dans les lointains. Une ville qui a eu la bonne fortune de conserver ses murailles et une ou deux de ses portes fortifiées possède toujours, et d'autant plus si elle est située au bord d'une rivière, de très évidentes possibilités de pittoresque ; et, dans Auxerre, les rues étroites montant des berges vers le groupe central des bâtiments contribuent par de nombreux effets isolés, des portes sculptées, des pignons abrupts, d'opportunes tourelles d'angle, à la distinction générale du décor.

La cathédrale est le cœur même de ce charmant vieil endroit; avec ses riches tonalités, ses contours si impressionnants, ses ornements si abondants et pourtant tellement délicats, elle se dresse au bout de la longue place du marché, en y répandant, même à travers la grisaille des rideaux de pluie, la chaleur de ses hautes masses bistre. Le dessin de la façade occidentale est tellement plein et harmonieux qu'il efface dans la mémoire l'impression moins saillante de l'intérieur. Sous une lumière plus favorable, qui aurait mis en valeur les profondes couleurs des vitraux à claire-voie, et le modelé des piliers et des voûtes, l'ensemble aurait sans aucun doute paru moins austère, et d'une beauté plus familière; mais voilé et assombri par des nuages pluvieux, il présentait seulement, au lieu de couleurs et de détails, un déploiement d'arches caverneuses s'estompant dans les ombres profondes du sanctuaire.

Le palais épiscopal voisin, avec ses rudes arcades romanes plantées dans un morceau de rempart gallo-romain, et l'intéressant fragment de l'église de Saint-Germain, à côté de l'hôpital, sont parmi les autres monuments remarquables d'Auxerre; mais ils étaient également masqués par une averse incessante, et ils restent dans le souvenir comme des masses floues de maçonnerie dégoulinante, écrasées par un ciel bas et noir.

La pluie nous a poursuivis vers le nord à partir d'Auxerre le long de la vallée de l'Yonne, en se dissipant un peu autour de midi pour baigner la campagne dans cette brume gris-vert à travers laquelle les *paysagistes** français l'ont très constamment considérée. Joigny, dans la plus grande douceur de cette lumière, nous a semblé, même après Auxerre, être une des plus caractéristiques des anciennes villes françaises ; sa longue berge majestueuse, fermée à chaque extrémité par une belle porte, lui donne un caractère très personnel, se présentant comme une façon particulièrement heureuse de lier une ville à sa rivière. Au-dessus du quai les rues montantes offrent de nombreux aperçus d'un pittoresque médiéval, niché dans des angles presque inaccessibles ; mais la pluie les enveloppait, et nous a chassés à contrecœur en direction de Sens.

Ici, le déluge a tendu un rideau encore plus dense entre nous et les attraits de cette ville singulièrement charmante. Sens, au lieu d'être, comme Joigny, étroitement entassée entre la rivière et la colline, s'étend avec une relative amplitude à l'intérieur de remparts romains transformés en promenades ombragées ; et vers le milieu de la ville, au bout d'une longue place de marché semblable à celle d'Auxerre, la cathédrale se dresse avec une noblesse et une force dans les lignes telles qu'on révise aussitôt sa classification des grandes églises françaises, pour situer celle-ci parmi les premières.

Ses beautés se développent et se multiplient à mesure qu'on s'en approche, et sa parenté avec la cathédrale de Canterbury lui confère, aux yeux des voyageurs hantés par le plus majestueux des chœurs anglais, un intérêt architectural particulier. Mais lorsqu'on a rendu pleinement hommage au long déploiement de la nef, à la délicate pâleur du vitrail de Jean Cousin, et aux idées que rappelle « l'autel de Becket » derrière le chœur, on retourne finalement à la composition externe des chapelles de l'abside, comme à l'élément le plus mémorable et le plus parfait à Sens. Le développement du *chevet**, dont l'architecture romane s'est léguée au gothique, est peut-être le plus heureux produit de cette floraison du sol français ; et, après avoir examiné un exemple aussi complexe des possibilités d'une nef, on sent de nouveau ce que le gothique anglais a perdu en adoptant à l'est une face carrée.

D'un grand intérêt historique, ce qu'on appelle l'*Officialité*, qui jouxte la cathédrale, est une sorte de tribunal diocésain bâti sous Louis XI ; mais ses fenêtres à ogives et ses niches fleuries ont été si largement restaurées qu'elles ont trop l'aspect d'un décor de scène gothique pour pièce médiévale. Sens possède de nombreux autres trésors, non seulement dans sa collection inhabituellement riche de reliques et de tapisseries religieuses, mais aussi dans les fragments d'architecture répandus au gré des rues ; et, avec les portes du XVIIIe siècle du palais archiépiscopal, elle montre un exemple de travail de fer forgé que rien probablement n'égale, sauf celui des portes de Jean Lamour à Nancy.

Une de ses possessions les plus convoitées, le célèbre tableau par Jean Cousin de l'*Eva prima Pandora*, a longtemps été jalousement cachée par son actuel propriétaire ; et l'on se demande pour quel motif l'hospitalité française invétérée à l'égard des amateurs d'art s'est, dans ce cas, si grossièrement contredite. Le curieux intérêt mystique de l'ouvrage et sa valeur comme étape dans l'évolution de la peinture française en font presque, peut-on dire, un *monument historique**, une partie de l'héritage national ; et le sens même du service qu'il a potentiellement rendu à l'art donne sans doute une saveur perverse à la façon singulière dont son propriétaire a voulu en jouir.

De Sens à Fontainebleau, la route suit la vallée de l'Yonne à travers un calme paysage de prairies plates et de bosquets d'arbres minces bordant ses rives, jusqu'à atteindre la lisière de la forêt, et alors une longue allée verdoyante mène tout droit vers la croix de granit aux abords de la ville. Dans l'après-midi, la pluie s'est transformée en une bruine tranquille, de la sorte qui sied au doux paysage français comme une vitre sied à certains tableaux ; et nous y avons glissé, en longeant les murs moussus de grands domaines, des châteaux aux bâtiments bas, des *pièces d'eau** vertes, et de longues perspectives herbeuses qui tranchent en toutes directions les bois entourant Melun. Cette région de grandes « chasses » et de réserves soigneusement entretenues s'étend presque aux extrêmes frontières des environs. Au-delà, Paris s'est bientôt présentée, enfumée à travers la pluie, et une succession de longues avenues rectilignes, aussi scrupuleusement arborées que si c'étaient les artères principales de faubourgs à la mode, nous a conduits jusqu'à la porte de Choisy.

Retourner ainsi dans le tumulte de la circulation, éprouver la terrible pression de ces kilomètres de constructions convergentes, nous a procuré, après des semaines de grand air et de paysage illimité, une sensation d'encombrement donnant aux rues populeuses une allure dégradante et dangereuse ; mais nous approchions du fleuve, et nous avons vu devant nous les courbes des coupoles dressées, la puissance grise des ponts, et toute l'élégante et saisissante symétrie de ce qui dans d'autres villes a un aspect mesquin, compact et confus ; alors une autre beauté nous a enveloppés comme un charme, « *les seuils sacrés, et la Seine qui coule** ».[1]

1. Victor Hugo, *Lueur au couchant* (1855).

TROISIÈME PARTIE

Une excursion dans le Nord-Est

Il y a plusieurs façons de quitter Paris en automobile sans même frôler ce qui serait, si elle était semblable aux autres villes, une zone de taudis. Qu'on s'en aille, par exemple, vers le sud ou vers le sud-ouest, on peut émerger des allées du bois de Boulogne près du pont de Suresnes et, après avoir franchi la Seine, traverser le parc de Saint-Cloud en direction de Versailles, ou les banlieues de Rueil et du Vésinet en direction de la forêt de Saint-Germain.

Ces échappées miraculeuses, loin des labeurs d'une grande ville, donnent une plus claire impression de l'ampleur de sa conception, et de l'ordre et de l'élégance imprégnant tout son système municipal ; mais, pour cette raison même, il y a peut-être davantage d'intérêt dans une lente progression à l'intérieur d'un de ces grands quartiers industriels qu'on doit traverser pour gagner la campagne qui s'étend au nord-est de Paris.

Partir de la place de Palais-Bourbon par une

radieuse matinée de printemps, et suivre le flot de circulation le long des quais de la rive gauche, passer devant les masses splendides du Louvre, de la Conciergerie, de la Sainte-Chapelle et de Notre-Dame ; longer les bordures fleuries du Jardin des Plantes, et traverser la Seine sur le pont d'Austerlitz, avoir un long aperçu de ses flots argentés se divisant pour envelopper les îles Saint-Louis et de la Cité ; et puis s'engager par le boulevard Diderot dans la longue étendue de l'avenue Daumesnil, qui mène directement à la porte Dorée et au bois de Vincennes : suivre ce chemin avec une lenteur indolente nécessitée par la densité de la circulation revient à se faire une idée mémorable de l'ample manière dont Paris traite certains de ses problèmes citadins.

L'avenue Daumesnil, en particulier, avec ses interminables entrepôts, ses magasins à bon marché et ses *guinguettes**, serait partout ailleurs la proie d'une crasse sordide. Au lieu de quoi, elle est propre et spacieuse, et elle n'est prosaïque que par contraste avec l'élégance des artères qui la précèdent ; et, après la porte Dorée, elle nous livre aux charmantes allées d'un parc aussi bien entretenu et beaucoup plus beau que le bois de Boulogne, un parc offrant le luxe de ses pelouses et de ses lacs romantiques pour le seul délice des quartiers industriels populeux qui l'entourent.

Ce merveilleux bois de Vincennes est un bois véritable, plein de jacinthes et de muguet ; et, lorsqu'on y passe dans la fraîcheur d'un matin de mai, Paris semble déjà loin derrière, simple traînée de vapeurs d'usines s'estompant à l'horizon. On n'y songe plus du tout quand, après Vincennes, la route franchit la Marne à Joinville-le-Pont. Puis elle traverse une succession de radieux villages semi-banlieusards, avec des aperçus, çà et là, de châteaux bas et blancs ou de petites églises grises derrière des rangées de charmes taillés ; enfin elle gravit longuement une large zone de collines, en suivant les méandres de la Marne jusqu'à Meaux.

Le siège diocésain de Bossuet est d'un aspect extérieur assez terne, avec une cathédrale gothique qui a cruellement souffert de l'action des réformateurs ; car, par un curieux tour du sort, avant de devenir l'aire de « l'Aigle », c'était un des principaux centres de l'activité huguenote, activité déplorablement démontrée par l'extérieur ravagé de l'église.

De Meaux à Reims la campagne croît en attraits, avec un petit caractère anglais dans ses espaces moutonnants et ses bosquets d'arbres arrondis ; mais rien ne saurait être moins anglais que les villages blanc-gris, les places dallées bordées de charmes taillés, les croix de marché en granit, les églises aux absides rondes avec leurs clochers pointus.

Un de ces villages, Braine, marque la mémoire en raison de son église très inhabituelle. Cet édifice étroit et haut, avec sa curieuse façade occidentale, si bizarrement munie de cônes et de puissants contreforts, et se dressant isolé et clastique au milieu des potagers et des vergers d'un hameau silencieux et ratatiné, est le survivant pathétique d'une puissante abbaye, qui désormais n'existe que comme église paroissiale de la poignée de maisons endormies autour d'elle.

Un témoignage plus étrange et moins explicable du passé se trouve non loin dans le pittoresque village emmuré de Bazoches-sur-Vesles, qui, bien que situé dans la plaine, a dû être un petit domaine féodal, puisqu'il montre encore de solides défenses et des tours d'entrée à moitié écroulées qui sont fourrées de fleurs grimpantes et de buissons sauvages. Bazoches se distingue par le fait que ce n'est pas une ville réduite à rien, avec des espaces déserts entre ses murs et un noyau restant de maisons : sa ceinture de pierre lui est aussi étroitement ajustée qu'une bague à un doigt, et, quelles que soient ses gloires passées, elles ont dû être contenues dans la même zone étroite qui lui suffit aujourd'hui.

Au-delà de Braine, la campagne est moins moutonnante, les pâturages sont remplacés par des vignobles, et la route court à travers une vaste plaine jusqu'à Reims. L'étendue de la ville et ses faubourgs de manufactures modernes rendent sa lointaine silhouette moins caractéristique que celles de Bourges ou de Chartres, qui sont subordonnées à la masse centrale de leur cathédrale. Celle de Reims surgit comme par surprise, au cœur de la ville ; mais une fois qu'on la voit, elle pénètre l'imagination d'une manière peut-être moins étonnante, mais plus complète et plus intense que tout autre grand monument gothique en France. Le sentiment d'en être possédé, d'y être soumis, est sans doute dû en partie, du moins dans le cas du simple touriste, au fait heureux et sans pareil que la meilleure auberge de Reims se situe immédiatement en face d'elle; et donc, installé aussitôt dans la pleine intimité de son incomparable façade, on se remet, après chaque visite, en relation avec elle, on s'y replonge plus profondément sans besoin d'effort mental.

Il y a deux façons d'être sensible aux arts, sculpture, peinture, architecture, qui captivent d'abord l'œil : la façon technique et ce qu'on peut sans doute appeler la façon sentimentale. Le spécialiste ne reconnaît pas la validité de ce dernier critère, et les railleries ne manquent jamais à l'égard des jugements imagés de ceux qui se risquent à interpréter dans les termes d'un autre art les grandes œuvres plastiques. Bref, celui qui mesure la beauté d'une cathédrale, non par ses données structurelles sciemment analysées, mais par son effet global sur ses sensations indirectement stimulées, sur les associations d'idées qu'elle met en mouvement, se trouve accusé (mais est-ce injustement?) de ne valoir rien de mieux qu'un lecteur qui prétendrait apprécier la musicalité du *Lycidas* de Milton alors qu'il n'en comprendrait pas le langage. Il n'y a guère moyen de contredire l'axiome selon lequel la pensée et sa formulation sont indissociables, ni la conclusion suivant laquelle le seul critique apte à juger de la beauté d'un grand ouvrage d'architecture est celui qui est capable de le ramener à ses composantes, de saisir les relations établies entre elles, et non seulement de les reconstruire intellectuellement, mais aussi de les mettre en rapport avec d'autres ouvrages, et de concevoir l'ensemble à la lueur de ces considérations.

C'est certain. Pourtant, dans ces arts qui se tiennent aux limites de la pensée et du sentiment, et qui penchent nettement vers ce dernier, n'y a-t-il pas de place pour un autre type de jugement, inférieur mais légitime : pour cette sorte d'appréciation confuse et atavique qui est constituée d'associations historiques, d'un sens de la masse et de l'harmonie, de la relation du bâtiment avec le ciel qui le couronne, avec la lumière et les ombres qu'il produit autour de lui, et, plus profond que tout, de la force obscure et sanguine de son caractère ancien et autochtone, de tout ce qu'il signifiait pour des esprits éloignés dont les nôtres ne peuvent que reconstituer les fragments dissous ? Une telle jouissance, pour être d'une quelconque valeur pour l'esprit même qui l'éprouve, doit certes se fonder sur une connaissance approximative des conditions qui ont présidé à l'édification du bâtiment, des théories architecturales qui l'ont orientée, de leur évolution et de leur rapport avec la nature intellectuelle et morale des bâtisseurs : on peut en effet affirmer qu'une telle familiarité avec le passé est nécessaire pour une véritable appréciation esthétique. Mais cela même expose cette sorte d'appréciation au terme calomnieux d'« amateurisme », et par conséquent nécessite qu'elle soit courageusement défendue par ceux qui, dénués de capacités techniques, ont éprouvé une satisfaction mieux qu'éphémère dans des impressions de cet ordre nébuleux et mêlé.

Une pareille défense est armée, à un degré ailleurs inégalé, par l'exceptionnelle intimité de rapport que permet au voyageur la proximité de la cathédrale de Reims. Il trouve ici la grande Présence à sa porte, à sa fenêtre : surprise à l'aube dans l'énigme d'une renaissance surgie de l'obscurité ; contemplée à midi dans la netteté de ses détails accumulés, de son rituel complexe de pierre ; imprégnant l'esprit et le cœur en retournant dans l'obscurité ; ressentie enfin, et le plus profondément, sous le ciel de minuit, comme un mystère d'ordre et d'harmonie, non moins secret et majestueux que la course des étoiles dans le firmament.

De tels plaisirs, en tout cas, quelle que soit la valeur de leur contribution aux à-côtés de la connaissance, enrichissent la conscience, la préparent à des impressions nouvelles et peut-être plus précises, élargissent le sens de la relation sous-jacente entre l'art et la vie, entre les expressions multiples et contradictoires de l'énergie humaine, et préparent à mieux défendre ses positions, à montrer que le sentiment peut, non pas exclure, mais d'une certaine façon envelopper et fertiliser toutes les formes spécialisées de compétence technique. *Gefühl ist alles.*

Une des merveilles de cette riche région du Nord-Est tient au fait que le voyageur peut, en quelques heures, et à travers des zones pleines d'objets d'intérêt toutefois moins importants, parvenir à une autre grande manifestation de la puissance médiévale : la forteresse de Coucy. De tels exemples contrastés de vigueur, individuelle et collective, de cette terrible époque ne se trouvent guère ailleurs, en France, dans un si proche voisinage ; et cela ajoute à la valeur des deux de savoir que Coucy était le fief de Reims, accordé par son archevêque à un chevalier qui s'était distingué dans la première croisade. C'était l'arrière-petit-fils de cet Enguerrand de Boves qui avait construit le donjon central et les murailles ; mais le château fut ensuite agrandi et orné quand, au début du XVe siècle, il passa aux mains de Louis d'Orléans, frère de Charles VI.

C'est doublement intéressant de voir Coucy après avoir vu Carcassonne, parce que ces deux forteresses représentent les deux extrêmes opposés de l'architecture féodale séculière, Carcassonne étant le principal exemple survivant d'une grande ville emmurée avec un château central comparativement petit, tandis qu'à Coucy le château est l'élément prédominant, à la fois par sa taille et par sa position, la ville n'étant rien de plus qu'une poignée de maisons à l'intérieur de ses remparts. Ces deux bastions sont naturellement situés sur des hauteurs abruptes, et celui de Coucy, bien qu'il surgisse de versants vêtus de feuillages, ayant par conséquent une apparence moins sévère que la rude roche méridionale de Carcassonne, a une allure non moins superbe que celle de sa rivale. En fait, il n'y a peut-être pas un seul angle à partir duquel Carcassonne produit autant d'effet de puissance concentrée que les tours et le donjon de Coucy se dressant au sommet de leur escarpement occidental. Mais de telles comparaisons sont vaines, parce que ces deux forteresses furent conçues pour des destinations et dans des conditions tellement différentes, que l'une est nécessairement plus vigoureuse là où l'autre a un moindre besoin de faire une démonstration de force.

Coucy, dans son actuel état délabré, profite infiniment du charme de ses environs, cette ravissante campagne qui l'entoure de bois et de cours d'eau, ces allées ombragées au-dessous de ses remparts couverts de lierre, et surtout la physionomie distincte et exquise de la minuscule ville à l'intérieur des murs. Le contraste entre ces vieilles maisons de pierre, humbles mais robustes, pour ainsi dire rangées en bout de table, et le château trônant sur son estrade de roche semble résumer tout le système social du Moyen Âge avec autant de clarté et de concision que les fameuses catégories de Taine. Coucy a l'extraordinaire valeur archéologique d'un lieu n'ayant jamais outrepassé les institutions particulières qui en furent l'origine : les aiguilles de l'horloge se sont figées à l'instant le plus caractéristique de son existence; et tellement impressionnante, même pour un esprit sans formation historique, est son « extériorisation » vivace et concentrée d'une grande phase de l'histoire qu'on s'étonne et frissonne, et finalement s'émerveille devant le flegme surhumain du marchand prospère qui a planté, sur la même saillie que le château, et presque parallèlement à ses tours titanesques, une villa banlieusarde pimpante avec ses tourelles, seule tentative du Coucy moderne de donner la réplique à son passé écrasant.

S'il prend Coucy pour centre d'excursion, le voyageur peut, en quelques heures, extraordinairement varier ses impressions, car le groupe de monuments remarquables répartis dans ce morceau triangulaire de la France, dont les pointes sont Paris, Reims et Saint-Quentin, comprend un exemple caractéristique de presque chaque période architecturale, depuis le début du Moyen Âge jusqu'à la fin du XVIIIe siècle, ces extrêmes se touchant parfois d'aussi près que Tracy-le-Val et Prémontré.

En se dirigeant d'abord vers l'ouest, à travers un paysage de champs moutonnants et de hauteurs boisées, vaguement anglais dans sa façon d'échapper à l'agriculture ailleurs dévorante, on tombe sur l'impression la plus anglaise en France : les tours de Noyon surgissant d'une ceinture de prairies et de vergers.

Noyon, en fait, maintient cette illusion jusqu'au bout : embrumée de douce verdure, dénuée des angles pierreux et durs typiques d'une ville française, elle semble, par l'architecture de stuc et de colombage dans ses vieilles rues, par le tendre gazon entourant sa cathédrale, et la surprise culminante d'un « enclos » à l'arrière, corroborer à chaque pas la première impression du visiteur.

Dans la cathédrale, certes, on n'est plus en Angleterre, sans toutefois être très précisément en France. Car l'intérieur, bâti à une époque où le style nordique cherchait encore son expression spécifique, est une chose à part dans l'architecture religieuse, une de ces heureuses variations dont émergent parfois des formes nouvelles, dans l'art comme dans la nature. Dans le cas de Noyon, la variation est restée stérile, comme si la jouissance devait en être réservée exclusivement à sa cathédrale, et l'on se demande pour quelle raison ne s'est pas transmise une expérience aussi originale et réussie. La variation consiste essentiellement dans le fait que les extrémités du transept sont arrondies et forment ainsi, avec le chœur, une sorte de trèfle absidal d'une grâce parfaite et très étudiée. L'utilisation instinctive de ce mot, *grâce*, explique sans doute mieux que tout pourquoi le style de Noyon ne s'est pas reproduit (sauf, peut-être, mais avec réticence, dans le transept sud de Soissons). La grâce aux dépens de la force est, surtout à l'extérieur, le résultat global de ce mélange unique de courbes, de cette répétition extravagante d'un effet qui, pour produire sa plus profonde impression, devrait être employé une seule fois, comme culmination, épanouissement extatique, d'un vigoureux assemblage de lignes droites.

Mais à l'intérieur de l'église, et si l'on se place en un point où l'on peut voir l'éventail des transepts se mêler aux courbes du chœur, on est trop pénétré par la grâce de l'ensemble pour y déceler une quelconque faiblesse latente. Pour le pur charme des lignes, rien dans l'architecture ecclésiastique du Nord, même pas l'ample et audacieux déploiement du chœur de Canterbury, ne surpasse la structure complexe de la partie orientale de la cathédrale de Noyon. Et dans les détails de construction intérieure, le libre et presque insouciant mélange des arches rondes et pointues accentue l'effet de tentative fugitive, destinée à ne pas se reproduire, fleur céleste, pour ainsi dire, du jardin gothique, une expérience qui semble issue de la fantaisie d'un seul esprit plutôt que d'être le produit de cet effort collectif qui a élevé les grandes églises séculières du Moyen Âge.

Tandis que la cathédrale de Noyon, par son cadre général et par certaines de ses particularités architecturales, fait très nettement songer à l'Angleterre, le style de son principal monument civil semble issu de cette région de Bourgogne où le passage du gothique à la Renaissance trouve une expression si riche et si pittoresque.

Son hôtel de ville, édifié au milieu du XVe siècle, est un charmant produit de ce moment de transition qui fut à son mieux dans le traitement des bâtiments municipaux, alors que l'architecture domestique était encore exiguë et susceptible d'une surcharge de détails, à cause de la persistance d'une conception défensive de l'habitat. Dans la création de l'hôtel de ville, l'art nouveau pouvait se débarrasser des contraintes féodales, et l'architecte de cet édifice gracieux et orné, mais sobre, avec ses deux façades très également « composées » comme des ensembles, tellement travaillées et choyées en chaque partie, a uni toute la liberté du nouvel esprit avec ce soin patient pour les détails qui caractérisait l'esprit ancien.

À Saint-Quentin, non loin au nord-ouest de Noyon, un hôtel de ville aux dimensions plus imposantes suggère d'autres affinités architecturales. Cette partie de la France est proche des Pays-Bas, et les influences flamandes ont franchi les frontières. La mairie de Saint-Quentin, de style gothique tardif, avec sa façade élaborée surmontée de trois pignons pointus, fut achevée en une période où, dans d'autres régions françaises, la Renaissance supplantait rapidement les formes précédentes. Cependant, le gothique s'y attarde, comme il le faisait dans les Pays-Bas, en une architecture civile riche, mais robuste et retenue, qui s'accorde avec les cieux humides et gris, les zones plates, l'absence de toute ligne abrupte ou délicate dans le paysage. Saint-Quentin, grande et morne cité de manufactures, avec un noyau de bâtiments pittoresques groupés autour de son hôtel de ville et de son église collégiale déplorablement rénovée, a une tonalité si manifestement nordique et provinciale que son autre attrait, une collection de portraits par le grand *pastelliste** Quentin de La Tour, semble presque autant expatrié que s'il se trouvait en effet au-delà des frontières. Il est difficile de concevoir cet interprète très expert des visages parisiens élaborant son style à partir de physionomies observées dans les rues endormies et le long des canaux stagnants de Saint-Quentin ; et le retour de ses tableaux dans son lieu de naissance, s'il a une certaine justification historique, évoque une sorte de dislocation psychologique, et pousse à considérer ces mines vivaces ornant les murs du musée Antoine-Lécuyer comme celles d'*émigrés** impatients de rentrer au pays. Car La Tour œuvrait en cette période spirituelle où le moindre éloignement de Paris était un exil ; et l'on peut raisonnablement imaginer que l'indubitable ressemblance entre tous ses modèles fut le résultat de cette forte pression centralisatrice qui ne laissait aux visages français aucun autre choix que le parisianisme ou la barbarie.

La première impression en entrant dans cette singulière galerie de portraits est celle d'un *salon** où les différences et les aspérités ont été tellement rabotées que les personnalités sont aussi difficiles à distinguer que dans un groupe d'Orientaux. Le lien qui unit une société allant de Vernezobre, le marchand de couleurs, à Mme la Dauphine, du bouffon Manelli à l'académicien Duclos, ce trait unificateur consiste dans le sourire fixe sur les lèvres de tous les modèles. C'est curieux, et un petit peu déconcertant, à première vue, de s'apercevoir que des visages à l'individualité aussi marquée, le rude et mal rasé Vernezobre comme la minaudière Camargo, sont envahis par la même affectation de « bonne compagnie », si déconcertant que c'est seulement en éliminant cet arc de cupidon de la bouche et en essayant d'en dégager les autres traits qu'on peut rendre justice au vigoureux et pénétrant talent de portraitiste de La Tour. Alors en effet ces tableaux s'affirment comme des « documents », et l'habileté technique de l'artiste pour varier ses procédés selon le type de ses modèles ne paraît alors surpassée que par la finesse dont elle n'est, après tout, qu'un mode d'expression. On a d'abord l'attention retenue par le haut intérêt personnel des portraits ; mais, une fois qu'on l'a admis, la conclusion générale résultant de leur examen collectif est que, même en cette époque de domination féminine, les visages d'hommes, d'un point de vue non seulement plastique mais aussi psychologique, forment un sujet bien plus subtil que ceux des femmes. La Tour avait devant son chevalet certains des exemples les plus éminents des deux sexes ; mais combien les hommes se distinguent et triomphent, combien

Rousseau et d'Alembert, Maurice de Saxe et l'incomparable Vernezobre éclipsent et effacent tout le divers assortiment féminin des Camargo, Dauphine, Favart et Pompadour ! Seule une petite créature fantomatique et anonyme, un modèle ou une danseuse, le catalogue hésite à son sujet, se détache de cet assemblage policé, comme si elle avait été empalée, avec ses ailes palpitantes, sur le pinceau aigu du portraitiste. On se demande si elle avait conscience d'avoir été capturée...

Le court trajet entre Saint-Quentin et Laon fait traverser une campagne charmante, et quitter les Pays-Bas pour une région nettement française, mais avec une touche romantique telle que Turner en vit dans le sobre paysage de France quand il peignit ses *Rivières, Ports et Côtes.* Laon, grande ville épiscopale du Nord-Est, n'est pas située sur une rivière ; mais l'escarpement qui la porte monte si abruptement de la plaine, et simule de si près les courbes enveloppantes d'une baie, qu'à son approche la lumière argentée caressant les champs printaniers à sa base paraît semblable à un miroitement d'eau.

Vue de la route de Saint-Quentin, Laon est une des plus majestueuses villes de France situées sur une colline : elle paraît en fait rivaliser avec les cités haut perchées d'Ombrie, plutôt qu'avec tout ce qui peut se trouver dans un plus proche voisinage. À une extrémité de cet escarpement étrangement crochu, dont les deux bouts se courbent l'un vers l'autre comme un pouce et un index, se situe l'abbaye en ruine de Saint-Vincent, faisant maintenant partie de l'arsenal ; à l'autre bout, se dresse la citadelle, derrière laquelle se groupent la cathédrale et le palais épiscopal ; et la pointe du triangle, derrière ces extrémités à fourchons, et occupée par l'église Saint-Martin, qui élève ses tours romanes sur les vestiges d'une abbaye des prémontrés. Dans le creux niché entre le pouce et l'index se place la *Cuve Saint-Vincent**, zone de jardins d'une extraordinaire fertilité, et puis, au-delà, la plaine se déploie interminablement en direction de la frontière belge.

À l'avantage de sa situation Laon ajoute le fait de posséder des remparts bien conservés, deux ou trois portes fortifiées auxquelles s'attachent ingénieusement des pâtés de vieilles maisons, et avant tout sa cathédrale aux cinq tours, qui désormais n'est plus une cathédrale, même si son abside jouxte encore un groupe de bâtiments diocésains, à partir de la cour cloîtrée desquels on obtient la plus belle impression de la masse latérale du monument.

Par sa taille, Notre-Dame de Laon se range parmi les cathédrales françaises « secondaires » ; mais, à la fois par sa structure et par ses détails, elle est en architecture un phénomène aussi singulier que l'est son cadre naturel, et on ne peut sans doute pas lui faire meilleur éloge que de dire que, telle la basilique de Vézelay, elle est digne du site qu'elle occupe.

Les cinq tours de Laon, sur les sept prévues à

l'origine, constituent sa caractéristique la plus remarquable ; aucun autre toit de cathédrale en France ne porte une aussi glorieuse couronne. Seulement quatre d'entre elles ont reçu leur niveau supérieur d'arcades ; mais l'autre s'élève suffisamment au-dessus du faîte pour en briser la ligne avec ses puissants arcs-boutants et sa chape pyramidale. Les quatre plus hautes se distinguent par l'originalité de leurs étages terminaux, dont celui du milieu est octogonal, divisé en quatre groupes d'arches d'une légèreté et d'une vigueur extrêmes, avec au centre une ouverture surhaussée, qui monte jusqu'au sommet. Dans la partie occidentale, les niches ouvertes formées par la saillie des arcades des tours sont ornées de quatre bœufs colossaux, modelés avec un audacieux réalisme et se dressant sur leur socle haut perché presque aussi triomphalement que le font les chevaux de la basilique de Saint-Marc.

Ces effigies sont censées célébrer les services des bêtes patientes qui ont transporté les pierres pour la cathédrale jusqu'en haut de la cruelle colline de Laon ; et lorsqu'on lève les yeux vers leurs silhouettes lourdement projetées contre le firmament, on a tendance à voir en elles le symbole même de l'édification d'une église médiévale, du coût moral et matériel auquel la chrétienté a érigé ses monuments.

On pourrait dire en effet que les bœufs de Laon et les anges de Saint-Père-sous-Vézelay représentent les deux principaux facteurs de cette incomparable explosion d'activité religieuse : la passion visionnaire qui l'a suscitée, et la pénible dépense de labeur humain et animal qui a fait de la vision une réalité. Quand on songe à la rapidité avec laquelle ont été exécutés certains de ces prodigieux ouvrages, à la fièvre de dévotion qui s'est emparée de communautés entières, on soupçonne, sous la joie et l'exaltation, des corvées aussi incessantes et inconcevables que celles des bâtisseurs de pyramides, et qui ont fait s'épanouir les fibres sans doute les plus vigoureuses et les plus permanentes du caractère européen ; et l'on sent que les bœufs triomphants de Laon, même s'ils incarnent un si vaste ensemble de travaux ennuyeux, obscurs et anonymes, ont en somme fait pour la civilisation davantage que les anges claironnants de Saint-Père.

À Soissons, cité ancienne saturée de souvenirs romains et mérovingiens, l'art gothique une fois encore triomphe, mais dans un effort différent et plus modéré.

Le court trajet de Laon à Soissons, à travers un paysage tranquille et ondulant, prépare à ces plus douces impressions. La ville gallo-romaine ne possède ni le site orgueilleux ni l'allure défensive de Laon. Elle s'étend dans la vallée de l'Aisne, entourée de collines boisées, et la rivière serpente paisiblement entre la vieille cité et le quartier de Saint-Waast. Après être passé par ce faubourg et avoir franchi l'Aisne, on est pris dans un dédale de rues tortueuses et étroites qui montent vers la cathédrale. L'entassement des maisons environnantes rend difficile une vision globale, mais telle qu'on l'entrevoit à travers les tilleuls taillés de la place du marché, elle donne une impression générale de grâce et de sobriété qui, d'une certaine manière, empêche tout effet particulier marqué. Car la cathédrale de Soissons est surtout remarquable pour reproduire les transepts arrondis de celle de Noyon ; mais, dans son cas (et pour des raisons qu'il serait intéressant d'apprendre), l'extrémité arrondie, tout en ayant l'ajout d'une petite nef et d'un triforium, ne s'applique qu'à un transept.

Soissons, cependant, reste surtout associée, du moins dans l'esprit du voyageur impressionnable, à la plus rare création du gothique tardif du Nord-Est, la façade de Saint-Jean-des-Vignes. Cette église, qui faisait partie d'une abbaye dans les faubourgs de la ville, est maintenant presque en ruine, et, des bâtiments monastiques tout autour, il ne reste que deux admirables fragments des arcades du cloître, et le logis de l'abbé, construit à une date bien plus tardive. Cette magnifique façade a un aspect tellement achevé qu'on aurait peine à deviner que la nef est écroulée, si le ciel bleu ne se montrait à travers le vaste cercle de la rose centrale, d'où a été ôtée toute trace d'entrelacs. Mais on peut pardonner cette barbarie aux destructeurs, dans la mesure où ils ont épargné les deux tours, si incomparablement harmonieuses dans leurs différences, tellement typiques de ce secret perdu de l'art médiéval : la symétrie conservée dans la dissemblance. Ces tours occidentales de Saint-Jean, s'élevant vigoureusement de part et d'autre du portail central, et accentuant l'élégance aérienne de la façade par leurs robustes contre-boutants verticaux, se brisent, au niveau du pignon supérieur, en masses pyramidales qui diffèrent en hauteur comme en largeur, l'une plus hardiment effilée, l'autre plus compacte et complexe, mais partageant quelques traits essentiels, l'emplacement des ouvertures, la correspondance de fortes lignes horizontales, en une unité qui prévaut sur leurs dissemblances, et les rattache à l'harmonie de l'ensemble de la façade. On est triste, quand on traverse le portail béant, de se trouver dans une sorte de dépotoir jonché de morceaux de sculpture et de maçonnerie, et plus triste encore de voir cette désolation frapper plus gravement un restant de cloître gothique, ou un fragment plus caractéristique encore d'arcades de la Renaissance. La qualité de ces magnifiques vestiges indique à quel point l'ensemble devait avoir un grand intérêt, à la fois esthétique et historique, et nous fait de nouveau vainement souhaiter que, dans quelque coin reculé d'Europe, les invasions et les guerres civiles aient pu épargner au moins un témoignage complet du grand déploiement monastique, pour nous permettre de mieux nous figurer l'aspect le plus accueillant de cette Église médiévale dont Carcassonne représente le côté militant.

Le retour de Soissons à Paris propose tellement de délicieuses possibilités, pour le paysage comme pour l'architecture, que le voyageur, surtout en avril, peut être excusé d'hésiter entre Compiègne et Senlis, entre Beauvais et Saint-Leu-d'Esserent. Peut-être la route qui traverse Senlis et Saint-Leu, justement parce qu'elle offre moins d'impressions exceptionnelles, nous rapproche-t-elle davantage de la vieille France, de son inépuisable réserve de beauté sobre et familière. Senlis, par exemple, n'est qu'une petite ville endormie, avec deux ou trois églises d'intérêt mineur, de celles qu'un guide touristique pourrait négliger ; mais y a-t-il eu dans toutes nos excursions quelque chose de comparable à la sensation produite par cette petite cathédrale sur sa place tranquille ?... monument très restreint mais tellement noble, tellement brodé de détails délicats et surtout tellement ensoleillé d'un merveilleux lichen doré qu'il paraît semblable à un vieux coffret à bijoux, dont la dorure serait presque complètement effacée.

Les deux autres églises de Senlis, contenues, comme la cathédrale, dans le pourtour des murs à moitié écroulés qui font du centre une *cité** miniature, ont quelque chose du délicieux caractère de son principal édifice. Il se trouve qu'elles ont été sécularisées, et Saint-Pierre, la plus tardive et la plus ornée des deux, a subi l'ironie d'être convertie en marché couvert, tandis que Saint-Frambourg, ancienne collégiale, a sombré dans les usages d'un entrepôt. En chaque cas, l'accès à l'intérieur est parfois difficile à obtenir ; mais les deux façades, l'une très délicate dans son gothique primitif et réservé, l'autre très prodigue des grâces du style tardif, poursuivent presque sans lacune la chronique architecturale qui commence avec les églises romanes ; et la négligence, si pénible à constater dans l'intérieur, leur procure une patine assez riche pour compenser le coût de leur acquisition.

Si, en quittant Senlis, on se dirige vers l'ouest, en longeant les clairières des bois Chantilly, et en passant par le parc et « le Grand Canal de la Manche », on pénètre bientôt dans la vallée de l'Oise et, quelques kilomètres plus loin, dans le village de Saint-Leu-d'Esserent, avec son église à terrasse dominant la rivière.

Le site perché de Saint-Leu est semblable à celui de certaines petites villes méditerranéennes : il y a quelque chose de provocant et de défensif dans sa façon de se planter sur sa colline et de brandir son église comme un bouclier. La ville doit sa couronne architecturale, et aussi sans doute sa maigre importance, à la fondation, au XIe siècle, d'une grande abbaye clunisienne, dont on peut déceler des traces d'arcades romanes et de porte fortifiée parmi des débris derrière l'abside. De l'église originale ne subsiste qu'une tour aux arches rondes, à laquelle, dans la seconde moitié du XIIe siècle, fut ajoutée ce qui est peut-être la plus homogène, et assurément la plus belle réalisation du gothique primitif en France. L'intérêt particulier de l'abbatiale de Saint-Leu, en dehors de la noblesse intrinsèque de ses lignes, tient au fait que c'est, très curieusement, la contrepartie, l'autre face du bouclier, de la basilique de Vézelay. Car, de même qu'à Vézelay on sent sous le poids des ouvertures arrondies le mouvement impatient des arches pointues, de même, à Saint-Leu, où triomphe la forme tardive, son élan vers le haut est encore retenu par la trame romane serrée de l'ensemble de l'édifice. Il est difficile de définir la cause de cette impression, car à Saint-Leu le style pointu s'est structurellement libéré des *entraves** romanes, tous les principaux éléments de la construction gothique postérieure s'y mêlant en une composition si harmonieuse que l'édifice pourrait être considéré, selon l'expression de M. Charles Moore, comme un parfait exemple de « gothique sans ornement ». Tout ce que l'art pouvait ensuite faire pour l'évolution de ce style était d'y ajouter des ornements, d'agrandir les ouvertures, d'alléger les masses. Mais, ce faisant, on perdait la considérable valeur statique des proportions primitives, et le caractère remarquable de Saint-Leu est de conjuguer, dans un parfait équilibre, la légèreté gothique avec la ténacité romane.

De cela, l'intérieur de l'église est non moins illustratif que son extérieur. Les baies occidentales de la nef sont plus tardives que sa partie orientale, mais elles aboutissent sur un narthex dans la lignée du porche de Vézelay, surmonté d'une galerie à partir de laquelle le déploiement des nefs et du triforium peut être embrassé dans toute sa grandeur. Car, du fait de ses dimensions modérées, l'édifice a pour qualité dominante d'allier la réserve à la grandeur, atteignant ainsi, à l'intérieur comme à l'extérieur, cette pondération classique que les chefs-d'œuvre de toutes les époques manifestent chacun à sa façon.

À l'ouest de Saint-Leu, la vallée de l'Oise, fertile mais plutôt dénuée d'ombrages, serpente vers Paris à travers d'agréables villes riveraines, Beaumont, L'Isle-Adam, et la cité ancienne de Pontoise ; et puis au-delà, en un point où la rivière forme un grand méandre vers l'ouest, on peut de nouveau se diriger vers l'est, pour traverser la forêt de Saint-Germain, et descendre vers Paris à l'ombre des longues allées du parc de Saint-Cloud.

DU MÊME AUTEUR

Aux Éditions Gallimard

CHEZ LES HEUREUX DU MONDE (L'Imaginaire n° 417 et Folio n° 1390)

LE FILS ET AUTRES NOUVELLES (L'Imaginaire n° 455 et repris en partie en Folio 2 € n° 3935 sous le titre LES LETTRES)

ETHAN FROME (L'Imaginaire n° 128)

VOYAGE AU MAROC (L'Imaginaire n° 446)

Aux Éditions Joëlle Losfeld

GRAIN DE GRENADE (repris en partie en Folio 2 € n° 5185 sous le titre LE MIROIR suivi de MISS MARY PASK)

LE TRIOMPHE DE LA NUIT

Au Mercure de France

LA FRANCE EN AUTOMOBILE (Folio n° 6300)

LA COLLECTION « VOYAGE » EN FOLIO

1. Folio n° 4898 Nicolas BOUVIER
Le vide et le plein

2. Folio n° 4903 Dan O'BRIEN
Les bisons de Broken Heart

3. Folio n° 4901 Olivier GERMAIN-THOMAS
Le Bénarès-Kyôto

4. Folio n° 4900 David FAUQUEMBERG
Nullarbor

5. Folio n° 5073 Blaise CENDRARS
Le Brésil

6. Folio n° 5071 Rick BASS
Winter

7. Folio n° 5081 Colin THUBRON
L'ombre de la route de la Soie

8. Folio n° 5076 Tarquin HALL
Salaam London

9. Folio n° 5246 Joseph KESSEL
Hong-Kong et Macao

10. Folio n° 5245 Olivier GERMAIN-THOMAS
La tentation des Indes

11. Folio n° 5248 Dan O'BRIEN
Rites d'automne

12. Folio n° 5249 Redmond O'HANLON
Atlantique Nord

13. Folio n° 5405 Paul MORAND
Londres/Le nouveau Londres

14. Folio n° 5410 Paolo RUMIZ
Aux frontières de l'Europe

15. Folio n° 5411 Colin THUBRON
En Sibérie

16. Folio n° 5412 Alexis DE TOCQUEVILLE
Quinze jours dans le désert

17. Folio n° 5581 Paolo RUMIZ
L'ombre d'Hannibal

18. Folio n° 5582	Colin Thubron *Destination Kailash*
19. Folio n° 5583	J. Maarten Troost *La vie sexuelle des cannibales*
20. Folio n° 5584	Marguerite Yourcenar *Le tour de la prison*
21. Folio n° 5768	Joseph Kessel *La piste fauve*
22. Folio n° 5767	Jean-Paul Kauffmann *Voyage à Bordeaux 1989 – Voyage en Champagne 1990*
23. Folio n° 5766	Rick Bass *Le journal des cinq saisons*
24. Folio n° 5769	Lanza del Vasto *Le pèlerinage aux sources*
25. Folio n° 5944	Farley Mowat *Le bateau qui ne voulait pas flotter*
26. Folio n° 5947	Danièle Sallenave *Sibir*
27. Folio n° 5946	Philippe Rahmy *Béton armé*
28. Folio n° 6100	Cédric Gras *L'hiver aux trousses*
29. Folio n° 6130	Dan O'Brien *Wild Idea*
30. Folio n° 6131	François Suchel *Sous les ailes de l'hippocampe*
31. Folio n° 6129	William Fiennes *Les oies des neiges*
32. Folio n° 6128	Rick Bass *Toute la terre qui nous possède*
33. Folio n° 6289	François Beaune *La lune dans le puits*
34. Folio n° 6300	Edith Wharton *La France en automobile*
35. Folio n° 6301	Élodie Bernard *Le vol du paon mène à Lhassa*

COLLECTION FOLIO

Dernières parutions

6086. Karen Blixen	*Histoire du petit mousse*
6087. Truman Capote	*La guitare de diamants*
6088. Collectif	*L'art d'aimer*
6089. Jean-Philippe Jaworski	*Comment Blandin fut perdu*
6090. D.A.F. de Sade	*L'Heureuse Feinte*
6091. Voltaire	*Le taureau blanc*
6092. Charles Baudelaire	*Fusées – Mon cœur mis à nu*
6093. Régis Debray et Didier Lescri	*La laïcité au quotidien. Guide pratique*
6094. Salim Bachi	*Le consul* (à paraître)
6095. Julian Barnes	*Par la fenêtre*
6096. Sophie Chauveau	*Manet, le secret*
6097. Frédéric Ciriez	*Mélo*
6098. Philippe Djian	*Chéri-Chéri*
6099. Marc Dugain	*Quinquennat*
6100. Cédric Gras	*L'hiver aux trousses. Voyage en Russie d'Extrême-Orient*
6101. Célia Houdart	*Gil*
6102. Paulo Lins	*Depuis que la samba est samba*
6103. Francesca Melandri	*Plus haut que la mer*
6104. Claire Messud	*La Femme d'En Haut*
6105. Sylvain Tesson	*Berezina*
6106. Walter Scott	*Ivanhoé*
6107. Épictète	*De l'attitude à prendre envers les tyrans*
6108. Jean de La Bruyère	*De l'homme*
6109. Lie-tseu	*Sur le destin*
6110. Sénèque	*De la constance du sage*

6111. Mary Wollstonecraft	*Défense des droits des femmes*
6112. Chimamanda Ngozi Adichie	*Americanah*
6113. Chimamanda Ngozi Adichie	*L'hibiscus pourpre*
6114. Alessandro Baricco	*Trois fois dès l'aube*
6115. Jérôme Garcin	*Le voyant*
6116. Charles Haquet et Bernard Lalanne	*Procès du grille-pain et autres objets qui nous tapent sur les nerfs*
6117. Marie-Laure Hubert Nasser	*La carapace de la tortue*
6118. Kazuo Ishiguro	*Le géant enfoui*
6119. Jacques Lusseyran	*Et la lumière fut*
6120. Jacques Lusseyran	*Le monde commence aujourd'hui*
6121. Gilles Martin-Chauffier	*La femme qui dit non*
6122. Charles Pépin	*La joie*
6123. Jean Rolin	*Les événements*
6124. Patti Smith	*Glaneurs de rêves*
6125. Jules Michelet	*La Sorcière*
6126. Thérèse d'Avila	*Le Château intérieur*
6127. Nathalie Azoulai	*Les manifestations*
6128. Rick Bass	*Toute la terre qui nous possède*
6129. William Fiennes	*Les oies des neiges*
6130. Dan O'Brien	*Wild Idea*
6131. François Suchel	*Sous les ailes de l'hippocampe. Canton-Paris à vélo*
6132. Christelle Dabos	*Les fiancés de l'hiver. La Passe-miroir, Livre 1*
6133. Annie Ernaux	*Regarde les lumières mon amour*
6134. Isabelle Autissier et Erik Orsenna	*Passer par le Nord. La nouvelle route maritime*

6135. David Foenkinos	*Charlotte*
6136. Yasmina Reza	*Une désolation*
6137. Yasmina Reza	*Le dieu du carnage*
6138. Yasmina Reza	*Nulle part*
6139. Larry Tremblay	*L'orangeraie*
6140. Honoré de Balzac	*Eugénie Grandet*
6141. Dôgen	*La Voie du zen. Corps et esprit*
6142. Confucius	*Les Entretiens*
6143. Omar Khayyâm	*Vivre te soit bonheur ! Cent un quatrains de libre pensée*
6144. Marc Aurèle	*Pensées. Livres VII-XII*
6145. Blaise Pascal	*L'homme est un roseau pensant. Pensées (liasses I-XV)*
6146. Emmanuelle Bayamack-Tam	*Je viens*
6147. Alma Brami	*J'aurais dû apporter des fleurs*
6148. William Burroughs	*Junky* (à paraître)
6149. Marcel Conche	*Épicure en Corrèze*
6150. Hubert Haddad	*Théorie de la vilaine petite fille*
6151. Paula Jacques	*Au moins il ne pleut pas*
6152. László Krasznahorkai	*La mélancolie de la résistance*
6153. Étienne de Montety	*La route du salut*
6154. Christopher Moore	*Sacré Bleu*
6155. Pierre Péju	*Enfance obscure*
6156. Grégoire Polet	*Barcelona !*
6157. Herman Raucher	*Un été 42*
6158. Zeruya Shalev	*Ce qui reste de nos vies*
6159. Collectif	*Les mots pour le dire. Jeux littéraires*
6160. Théophile Gautier	*La Mille et Deuxième Nuit*
6161. Roald Dahl	*À moi la vengeance S.A.R.L.*
6162. Scholastique Mukasonga	*La vache du roi Musinga*
6163. Mark Twain	*À quoi rêvent les garçons*
6164. Anonyme	*Les Quinze Joies du mariage*
6165. Elena Ferrante	*Les jours de mon abandon*

Composition CMB/PCA
Achevé d'imprimer par Novoprint,
le 17 mars 2017
Dépôt légal : mars 2017

ISBN : 978-2-07271092-6/Imprimé en Espagne.

311840